INSTRUCTION

SUR LE TIR.

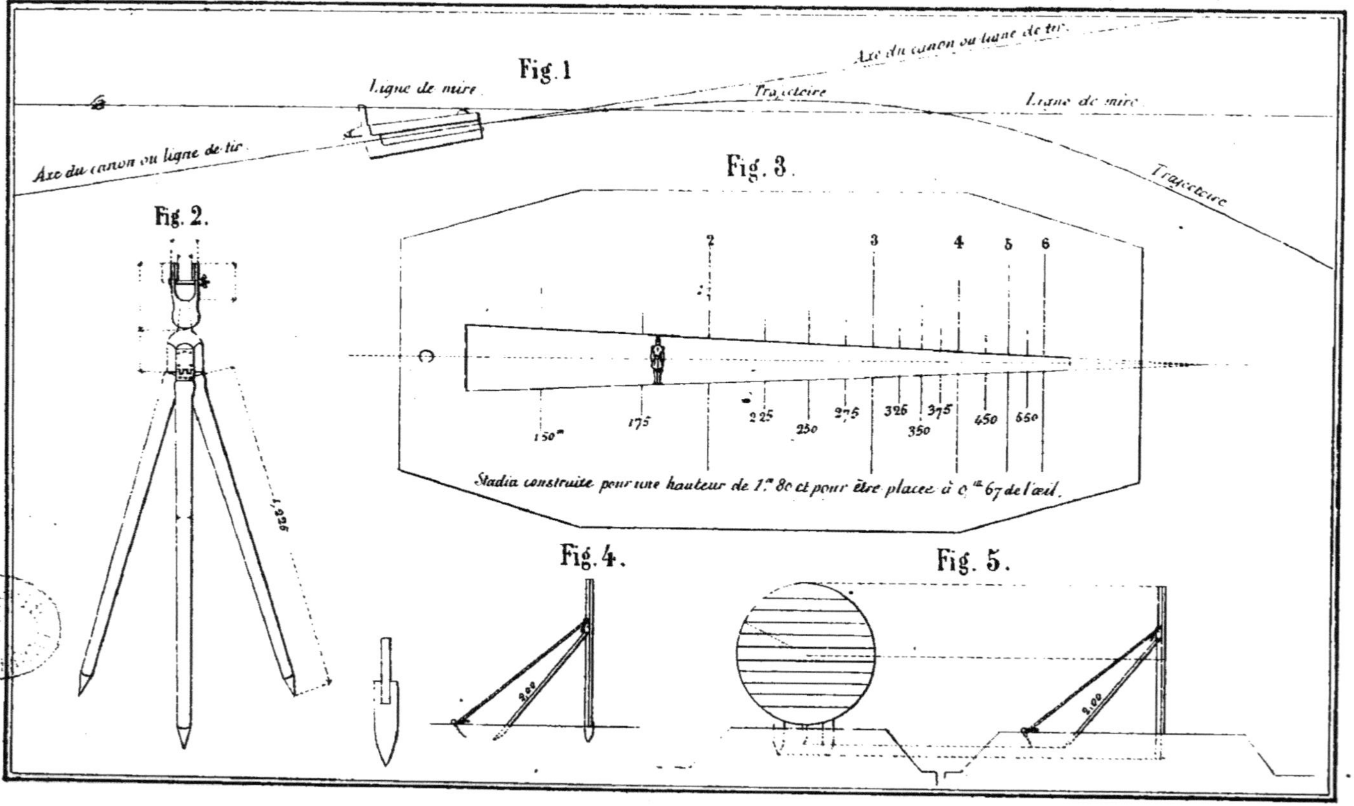

Fig. 1

Fig. 2.

Fig. 3.

Fig. 4.

Fig. 5.

Ministère de la Guerre.

INSTRUCTION SUR LE TIR

DU FUSIL DE GRENADIER ET DU FUSIL DE VOLTIGEUR

ADOPTÉS

POUR L'ARMEMENT DES RÉGIMENTS D'INFANTERIE

DE LA GARDE IMPÉRIALE.

PARIS,
LIBRAIRIE MILITAIRE
J. DUMAINE, LIBRAIRE-ÉDITEUR DE L'EMPEREUR,
Rue et passage Dauphine, 30.

1855

Imprimerie de COSSE et J. DUMAINE, rue Christine, 2.

INSTRUCTION

SUR LE TIR.

TITRE Ier.

BASES DE L'INSTRUCTION DU TIR DANS LES RÉGIMENTS DE GRENADIERS ET DE VOLTIGEURS DE LA GARDE IMPÉRIALE.

PREMIÈRE PARTIE.

Des instructeurs et de leurs attributions.

Dans chaque régiment, l'instruction du tir, placée, comme toutes les autres parties du service, sous l'impulsion et sous la responsabilité du chef de corps, sera confiée à la direction particulière du lieutenant-colonel et à la surveillance des chefs de bataillon.

Un capitaine spécialement désigné sera chargé des fonctions d'instructeur de tir, sous la direction du lieutenant-colonel.

Un lieutenant ou un sous-lieutenant dans chaque bataillon exercera les fonctions de lieutenant instructeur de tir ; il sera, quant à ses fonctions spéciales, sous les ordres et à la disposition du capitaine instructeur.

Il y aura, dans chaque compagnie, un sergent instructeur de tir.

Le lieutenant-colonel sera, ainsi qu'il vient d'être dit, chargé de diriger l'instruction du tir.

Il se fera rendre compte, par le capitaine instructeur, du degré d'instruction des jeunes soldats, et par les chefs de bataillon, des progrès des anciens dans les compagnies. Il veillera à ce que MM. les officiers acquièrent les connaissances théoriques et pratiques nécessaires pour diriger leurs soldats dans les exercices de tir.

Il contrôlera la tenue des registres de tir ; il s'assurera que les classes de tireurs sont formées comme le prescrit la présente instruction.

Il présidera les conférences qui auront lieu aux jours fixés par le colonel, et auxquelles assisteront les chefs de bataillon, les capitaines, les lieutenants et les sous-lieutenants. Dans ces conférences, dont le sujet sera déterminé un mois à l'avance par le président, le capitaine instructeur, ou un autre officier désigné par le lieutenant-colonel, développera les principes qui servent de base à la théorie et à la pratique du tir.

Le lieutenant-colonel réglera l'emploi des munitions, fixera, d'après les ordres du colonel, les jours et les heures des séances d'instruction, enfin il centralisera tout ce qui a rapport à l'instruction du tir dans le régiment.

L'instruction du régiment, à l'exception de celle des jeunes soldats, se fera par bataillon et par compagnie, sous la surveillance et sous la responsabilité du chef de bataillon et des capitaines. Le chef de bataillon devra, par conséquent, veiller à ce que l'instruction soit donnée régulièrement dans toutes les compagnies, à ce que les résultats de tir soient exactement mentionnés sur les registres à ce destinés. Il tiendra note des remarques que la pratique pourrait lui suggérer et en rendra compte au lieutenant-colonel. Il veillera au bon emploi des munitions et à leur répartition.

Le capitaine instructeur fera la théorie aux lieutenants et sous-lieutenants réunis aux jours et heures indiqués par le colonel sur le tableau du service journalier. Il dirigera dans leurs fonctions les officiers instructeurs: il sera exclusivement chargé avec ces officiers de former des sous-officiers instructeurs, et de diriger l'instruction des jeunes soldats en ce qui concerne le tir. Il tiendra les registres du tir du régiment. Il réglera, d'après les ordres du lieutenant-colonel, la répartition des munitions entre les compagnies. L'officier d'armement du corps lui sera adjoint pour la conservation du matériel de tir et des munitions. Le capitaine instructeur assistera, toutes les fois qu'il en recevra l'ordre, aux tirs des compagnies, afin de s'assurer que l'on observe les principes prescrits. Pendant toute la durée des exercices de tir, il sera exempt du service de place et de semaine.

Le lieutenant ou le sous-lieutenant instructeur de chaque bataillon sera chargé de former un sous-officier instructeur et un élève instructeur par compagnie. Il fera la théorie du tir aux sous-officiers, aux caporaux et aux hommes proposés pour l'avancement dans son bataillon. Il sera chargé, sous les ordres du capitaine instructeur, de l'instruction des jeunes soldats de son bataillon. Il tiendra les registres de tir du bataillon; il assistera aux exercices de tir des compagnies, et, chargé d'en constater les résultats, il répondra devant le chef de corps des erreurs qui pourraient être commises, soit dans le relevé des coups ayant touché la cible, soit dans les dimensions du but, soit dans la mesure de la distance. En un mot, il secondera, en tout ce qui concerne l'instruction du tir, le chef de son bataillon, d'une part, et, de l'autre, le capitaine instructeur. Pendant toute la durée des exercices de tir, les lieutenants ou sous-lieutenants instructeurs de tir seront exempts de service de place et de semaine.

Le sous-officier instructeur de chaque compagnie sera chargé d'instruire les jeunes soldats, sous les ordres du lieutenant instructeur du bataillon. Il assistera à tous les tirs de sa compagnie, lors même qu'il serait employé à l'instruction des jeunes soldats, et prendra note des balles mises dans la cible par chaque tireur. Il recevra les munitions des mains de l'officier d'armement, et les distribuera suivant les ordres de son capitaine. Il sera chargé du transport, de la conservation, de la réparation des cibles et du matériel d'instruction. Il tiendra à jour le registre de tir de la compagnie. Pendant toute la durée des exercices de tir, les sergents instructeurs seront exempts du service de place et de semaine.

DEUXIÈME PARTIE.

Méthode suivie dans l'instruction sur le tir; degré d'instruction correspondant au grade.

L'ordre ou la méthode suivie dans la présente instruction résulte de l'analyse des notions diverses qu'il faut posséder, et des différentes opérations que l'on doit effectuer, pour obtenir du fusil d'infanterie de la garde, et en général d'une arme à feu portative, les meilleurs résultats possibles.

Pour que le fusil d'infanterie de la garde produise les effets que l'on peut attendre de son feu, il faut :

1° Que le soldat connaisse les différentes

parties et les accessoires du fusil, qu'il sache le démonter, le remonter et l'entretenir convenablement. Les tableaux D, E, F, G, H de l'instruction du 5 mars 1854, renferment tout ce qui est nécessaire à cette première base de l'instruction du tir (1).

On devra enseigner aux jeunes soldats, à leur arrivée au corps, tout ce qui est relatif, dans ces tableaux, à la nomenclature, au démontage, au remontage et à l'entretien de leurs armes. Les jeunes soldats seront instruits en détail dans leurs compagnies par le sergent instructeur de tir.

Une théorie sur la nomenclature, l'entretien, le démontage et le remontage des armes est faite dans chaque compagnie aux caporaux et anciens soldats, par le lieutenant ou le sous-lieutenant de semaine, sous la surveillance du capitaine.

Les officiers s'aident, pour cette instruction, des sous-officiers et des caporaux instruits qu'ils emploient comme moniteurs;

2° Que le soldat exécute régulièrement le chargement de l'arme. L'école du soldat et la troisième partie du titre Ier de la présente instruction contiennent tout ce qui est nécessaire pour cet objet;

3° Que les règles de tir du fusil soient connues du soldat, c'est-à-dire qu'il sache de

(1) Tous ces tableaux se trouvent à la librairie militaire de J. Dumaine, 30, rue et passage Dauphine.

quelle manière il doit diriger son arme, suivant la distance de l'ennemi ;

4° Qu'il soit exercé à estimer les distances, afin de pouvoir expliquer les règles de tir ;

5° Que le soldat sache viser ;

6° Qu'il prenne dans le tir une position qui lui permette,

De viser commodément,

De conserver facilement l'immobilité du corps,

De ne point pencher la hausse et le guidon à droite ou à gauche,

De supporter le recul ;

7° Qu'en agissant sur la détente pour faire partir le coup, le tireur ne dérange point le canon.

Telles sont toutes les notions théoriques et tous les détails d'exécution qu'un tireur doit mettre en pratique pour obtenir généralement du fusil d'infanterie les meilleurs effets que cette arme comporte.

Si l'on passe en revue les différents détails d'exécution ci-dessus indiqués, on verra que, pour y exercer le soldat, il n'est pas nécessaire qu'il tire d'abord réellement ; que l'on peut simuler successivement toutes les opérations, tous les mouvements dont se compose le tir, et donner au soldat l'habitude de ces opérations et de ces mouvements avant de lui faire brûler une seule cartouche à balle.

Ainsi le soldat apprendra facilement à viser, si l'on a soin de ne l'occuper que de cette seule partie de l'instruction du tir. Il s'habituera vite et facilement aux positions les plus commodes pour le tireur, si, pendant quelque temps, on ne lui fait faire autre chose que de prendre, garder et quitter ces positions. Ayant vaincu séparément ces deux premières difficultés du tir, il parviendra à les vaincre réunies, et saura viser en conservant la position prescrite. Dès lors, on pourra l'amener à faire partir le coup sans déranger l'arme, en agissant sur la détente.

Le tampon sera mis sur la cheminée pendant cet exercice, et le soldat, pour abattre le chien, sera obligé au même mouvement qu'il ferait si l'arme était chargée et s'il voulait faire feu. Quand il saura exécuter ce mouvement du premier doigt de la main droite, il sera exercé à l'exécuter en visant et en conservant les positions prescrites.

Parvenu à ce degré d'instruction pratique, le soldat n'aura plus d'autres difficultés à vaincre dans le tir réel, que celles qui proviennent de l'explosion de la cartouche et du choc de l'arme contre l'épaule au moment de l'inflammation de la charge. Il surmontera ces difficultés d'autant plus facilement qu'il sera mieux affermi dans la position du tireur, qu'il gardera cette position avec plus d'aisance, qu'il la prendra plus naturellement, en vertu de l'habitude acquise.

Pour l'habituer à la détonation, on commencera par le faire tirer avec des capsules seulement, en veillant à ce qu'il conserve l'immobilité de l'arme et la régularité de la position du tireur, tout en visant comme il aura déjà appris à le faire.

Pour s'habituer à l'effet du recul, il devra brûler quelques cartouches sans balles, en se conformant à tout ce qui aura été prescrit et exécuté précédemment.

Telle est la marche naturelle que l'on doit suivre dans l'instruction pratique du tir. Elle amène le soldat à surmonter une à une toutes les difficultés de cette pratique, à devenir un adroit tireur avant d'avoir tiré une seule fois le fusil chargé à balle.

En joignant à cette instruction pratique l'instruction théorique strictement nécessaire pour que le soldat sache donner à son arme la direction déterminée par la distance du but, on est certain d'obtenir, dans le tir, des résultats bien supérieurs à ceux auxquels on arriverait si l'on faisait passer les hommes, sans préparation, de l'école de soldat au tir à la cible.

Quand le soldat aura été exercé au tir à la cible, à diverses distances, jusqu'à la limite des portées efficaces de l'arme ; quand il aura acquis l'habitude d'estimer une distance sans commettre de trop grandes erreurs, de tirer sur une cible dont la distance, variant à chaque coup de feu, devra être évaluée par lui, il saura se suffire à lui-même lorsqu'on l'enverra en tirailleur contre l'ennemi ; il connaîtra la portée et la justesse de son arme, il en appréciera toute la puissance.

L'instruction du soldat ne serait pas complète s'il n'était exercé qu'à tirer isolément. L'exécution des feux de peloton et de deux rangs est le complément nécessaire de l'instruction du tireur.

Le soldat doit être accoutumé à la gêne qu'il éprouve dans le rang, aux mouvements de ses voisins, à la fumée qui couvre le front de la troupe, à obéir aux commandements de l'officier qui dirige les feux.

L'exécution des feux de peloton et de deux rangs, sur des panneaux indiquant les effets de tir, est une instruction nécessaire, surtout aux officiers, qui apprennent dans ces exercices à diriger et à commander le feu, à estimer la valeur relative des différents feux d'infanterie, et à juger l'importance d'un commandement fait à propos dans les feux d'ensemble.

Lorsque le jeune soldat connaîtra l'école du soldat, il commencera les exercices de tir, qui seront menés concurremment avec le reste de son instruction. Il ne sera admis au bataillon qu'après avoir exécuté tous les articles de la première leçon du titre IV.

Il ne participera au tir à la cible de sa compagnie qu'après avoir exécuté le tir à la cible et les feux d'infanterie (2e, 3e et 4e leçons du titre IV), dans la classe dirigée par le capitaine instructeur du tir.

La série entière des exercices de tir peut être parcourue dans une année, par tous les sous-officiers, caporaux et soldats d'un régiment, sans nuire aux autres parties de l'instruction et sans entraver les divers services. Elle devra être reprise chaque année par les anciens soldats.

Un tableau placé à la fin du titre IV indique le nombre de séances de deux heures qu'il faudra consacrer à chaque article des leçons, pour les anciens comme pour les jeunes soldats, et la quantité de capsules, de cartouches à blanc et à balle, que doivent consommer les uns et les autres.

Les officiers devront connaître toutes les parties de la présente instruction.

Les lieutenants et les sous-lieutenants seront exercés à la pratique du tir par le capitaine et les lieutenants instructeurs, sous la direction du chef de bataillon. Ils passeront par tous les degrés de la pratique du tir, et seront dispensés de répéter ces exercices lorsqu'ils s'en seront acquittés convenablement.

Les sous-officiers instructeurs étudieront toutes les parties de la présente instruction, qui leur sera expliquée par le lieutenant instructeur du bataillon. Les autres sous-officiers et les caporaux qui assisteront à la théorie faite par le lieutenant instructeur n'auront pas besoin de connaître la partie de l'instruction ayant pour titre : *Notions complémentaires*.

On n'astreindra jamais ceux qui devront étudier la théorie du tir à réciter littéralement le texte des leçons.

Les sous-officiers prendront part aux exercices de tir de la classe des anciens soldats; ils ne feront qu'assister à ceux de la 3e et de la 4e leçon du titre IV.

Les sergents instructeurs tireront à la cible et concourront, pour le prix du tir, avec les autres sous-officiers.

Les sapeurs et clairons participeront à tous les exercices du tir, lorsqu'ils seront dans la classe des jeunes soldats (1); dès qu'ils feront partie de la classe des anciens, ils n'exécuteront plus que les exercices des deux premières leçons du titre IV.

TROISIÈME PARTIE.

Fusil d'infanterie de la garde impériale, modèle 1854.

ACCESSOIRES, PRÉCAUTIONS A PRENDRE POUR CHARGER L'ARME.

Il y a deux modèles de fusil pour l'infanterie de la garde impériale : le fusil de gre-

---

(1) NOTA. Dans cette instruction, on désigne sous la dénomination de jeunes soldats les hommes qui n'ont pas encore parcouru la série entière des exercices du tir à la cible et des feux d'infanterie.

nadier, le fusil de voltigeur. Ces armes ne diffèrent du fusil d'infanterie et du fusil de voltigeur (modèle 1853) que par la rayure, la hausse et la baguette (1).

ACCESSOIRES.

Chaque soldat, pour entretenir son fusil, pour le démonter et le remonter, doit être muni de divers objets qui constituent les accessoires de l'arme; parmi ces objets on distigue le nécessaire d'armes et le tire-balle (modèle 1841).

PRÉCAUTIONS A PRENDRE POUR CHARGER L'ARME.

Après avoir mis la capsule et passé l'arme à gauche, le soldat, tenant l'arme de la main gauche, prend la cartouche de la main droite, tire avec les dents le papier engagé dans l'étui et le déchire le plus près possible du carton; il verse la poudre, retourne la cartouche, engage la balle dans le canon jusqu'à la naissance de l'ogive, en renversant la main, sans soulever la balle; il rompt d'un seul coup le papier de l'enveloppe; il tire ensuite la baguette, enfonce la balle jusqu'à ce qu'elle repose sur la poudre, et bourre deux coups légèrement.

---

(1) La hausse a une forme et des dimensions particulières; la baguette a la tête fraisée.

TITRE II.

THÉORIE DU TIR.

PREMIÈRE LEÇON.

Principes généraux du tir.

Les principes généraux du tir se déduisent des positions occupées par trois lignes, qui sont : la ligne du tir, la trajectoire et la ligne de mire.

La ligne du tir est l'axe du canon indéfiniment prolongé.

La trajectoire est la ligne courbe que décrit le centre de la balle pendant son trajet dans l'air.

La ligne de mire est une ligne droite passant par le milieu du fond du cran de la hausse et par le sommet du guidon.

L'angle de tir est l'angle que la ligne de tir forme avec l'horizon au moment du tir.

L'angle de mire est l'angle que forme la ligne de mire avec la ligne de tir.

On appelle plan de tir le plan vertical qui contient la ligne de tir au moment du tir.

La trajectoire est tout entière dans ce plan. Elle se confond d'abord avec la ligne de tir, et s'en écarte ensuite de plus en plus à mesure que la balle s'éloigne de la bouche du canon. Voir la planche (*fig.* 1).

Lorsque la ligne de mire est horizontale et placée dans le plan de tir, l'angle de mire est égal à l'angle de tir.

La trajectoire et la ligne de mire peuvent être considérées comme liées invariablement entre elles, lorsque la dernière de ces lignes reste dans le plan de tir.

Dans ce cas, si on élève ou si on abaisse la ligne de mire, si on la dirige à droite ou à gauche, la trajectoire participe à ces divers mouvements, et conserve toujours, en chacune de ses parties, la même position relativement à la ligne de mire, pourvu qu'on ne donne pas à celle-ci une trop grande inclinaison au-dessus ou au-dessous de l'horizon.

Dans la pratique, on n'a besoin que très-rarement de ces degrés d'inclinaison de la ligne de mire, qui ne permettent plus de regarder cette ligne comme unie à la trajectoire.

Puisque la trajectoire est contenue dans le plan de tir, si l'on a soin de placer la ligne de mire dans ce plan et de diriger cette ligne sur la verticale passant par le point que l'on veut atteindre, la balle rencontrera quelque part la verticale en question, si cette ligne n'est pas hors des limites de la portée. Pour que ce point de rencontre soit précisément le but, il ne restera plus qu'à diriger la ligne de mire, ou, ce qui est la même chose, le rayon visuel rasant le fond du cran de mire et le sommet du guidon, sur un point de la verticale tel que la trajectoire rencontre le but.

Le point dont il s'agit sera déterminé lorsqu'on connaîtra de combien la trajectoire s'élève au-dessus ou s'abaisse au-dessous de la ligne de mire, à la distance qui sépare le but de la bouche du canon. Ce point sera élevé ou abaissé, par rapport au but, de la quantité dont la trajectoire sera abaissée ou élevée par rapport à la ligne de mire.

Si, par exemple, on sait que la trajectoire à une certaine distance s'abaisse d'un mètre au-dessous de la ligne de mire, il faudra, pour atteindre un point situé à cette distance, diriger la ligne de mire ou viser à un mètre au-dessus de ce point ; car, si on dirigeait la ligne de mire sur ce point même, la balle ou la trajectoire passerait à un mètre au-dessous; mais, si on élève la ligne de mire et si on la dirige à un mètre au-dessus du but, la trajectoire suivra le mouvement de la ligne de mire, conservera par rapport à celle-ci sa première position, et passera, par conséquent, à un mètre au-dessous du point visé, c'est-à-dire par le point qu'il faut atteindre.

On reconnaît que la ligne de mire est placée dans le plan de tir, lorsqu'au moment du tir le cran de mire et le sommet du guidon ne sont penchés ni à droite ni à gauche d'un plan vertical mené à l'œil et passant par le milieu du canon dans le sens de sa longueur.

Le tir d'une arme peut donc être réglé à l'aide de la ligne de mire, quand on connaît la position des différents points de la trajectoire relativement à cette ligne droite, et qu'on a soin de placer les deux points qui déterminent la ligne de mire dans le plan de tir.

Si l'on examine la trajectoire et la ligne de mire dans la position qu'elles occupent généralement, l'une par rapport à l'autre, on reconnaîtra que la ligne de mire coupe la trajectoire en deux points, le premier très-rapproché de la bouche du canon, le second plus éloigné. Voir la planche (*fig.* 1).

Le second point d'intersection de la trajectoire et de la ligne de mire se nomme *but en blanc*.

La distance mesurée sur la ligne de mire de la bouche du canon au but en blanc se nomme *portée du but en blanc*.

On remarquera qu'au delà du but en blanc la trajectoire s'abaisse au-dessous de la ligne de mire, et de plus en plus à mesure que la balle s'éloigne du canon ;

Qu'en deçà du but en blanc (entre les deux points d'intersection de la ligne de mire et de la trajectoire), la balle s'élève au-dessus de la ligne de mire de quantités différentes, suivant la position que l'on considère ;

Que les élévations de la balle sont très-petites dans le voisinage des points d'intersection, et plus grandes vers le milieu de la ligne droite qui réunit ces deux points.

Que, depuis la bouche du canon jusqu'à la première intersection, le centre de la balle se trouve au-dessous de la ligne de mire d'une quantité différente, suivant le point où l'on considère le centre de la balle ; que ces quantités sont toutes très petites, et qu'en cette partie de son trajet, la balle peut être regardée comme placée sur la ligne de mire.

Puisqu'a une distance égale à la portée du but en blanc, la trajectoire rencontre la ligne de mire, pour atteindre un point situé à cette distance, il suffira de diriger la ligne de mire sur ce point.

Puisqu'au delà du but en blanc, la trajectoire s'abaisse au-dessous de la ligne de mire il faudra, pour atteindre un point situé à une distance plus grande que la portée du but en blanc, diriger la ligne de mire au-dessus de ce point ; car, si on la dirigeait sur ce point, la trajectoire passerait au-dessous. Pour déterminer l'élévation du point que l'on devra viser afin de toucher le but, il suffira de connaître l'abaissement de la trajectoire au-dessous de la ligne de mire, à la distance où se trouve placé le point que l'on veut atteindre. Cet abaissement est égal à l'élévation du point que l'on doit viser au-dessus du but ; c'est ce que l'on voit clairement, lorsqu'on se souvient que la trajectoire est liée à la ligne de mire.

On verra de même que, pour atteindre un but situé entre les deux intersections de la ligne de mire et de la trajectoire, il faut viser, au-dessous de ce but, un point verticalement éloigné du premier d'une longueur égale à celle qui sépare la trajectoire de la ligne de mire, à la distance où se trouve placé le point que l'on veut atteindre.

On reconnaîtra que, pour toucher un point distant de la bouche du canon de la même quantité que la première intersection de la ligne de mire et de la trajectoire, il faut diriger la ligne de mire sur ce point, ou, ce qui est la même chose, viser ce point.

Enfin, si le point qu'il s'agit d'atteindre est plus rapproché de la bouche du canon que la première intersection, il faudra, pour toucher ce point avec le centre de la balle, viser au-dessus de lui ; mais, dans ce cas, le but et le point qu'il faut viser se confondent presque l'un avec l'autre, et sont au plus distants de la moitié environ du diamètre extérieur du canon à la bouche. On ne peut se préoccuper d'un cas pareil dans la pratique.

Telles sont les règles générales de tir que l'on résume de la manière suivante :

Lorsque le but est situé à l'un des deux

points d'intersection de la trajectoire et de la ligne de mire, il faut viser le but.

Lorsque le but est situé entre les deux points d'intersection, il faut viser au-dessous du but.

Lorsque le but est situé au delà du but en blanc, il faut viser au-dessus du but, et d'autant plus au-dessus qu'il est plus éloigné.

Lorsque le but est situé entre la bouche du canon et le premier point d'intersection, il faut viser au-dessus du but.

RÈGLES DE TIR DU MOUSQUETON DE GENDARMERIE RAYÉ, AU CALIBRE DE 17m8, DESTINÉ A L'ARMEMENT DES SAPEURS ET CLAIRONS DES RÉGIMENTS D'INFANTERIE DE LA GARDE IMPÉRIALE.

Ce mousqueton se charge avec la même cartouche sans diminuer la charge de poudre.

Depuis la bouche du canon jusqu'à 200 mètres, distance du but en blanc, viser la ceinture.

A 250 mètres, viser la coiffure ou le sommet de la cible.

A 300 mètres, placer le pouce en arrière et contre la grenadière et viser par la naissance de l'ongle.

A 350 mètres, placer le pouce sur la grenadière et viser par la naissance de l'ongle.

A 400 mètres, placer le pouce en arrière et contre la grenadière et viser par la phalange.

A 450 mètres, placer le pouce sur la grenadière et viser par la phalange.

A 500 mètres, placer le pouce à 3 centimètres en avant de la grenadière et viser par la phalange.

Enfin, à 600 mètres, placer le pouce à 10 centimètres en avant de la grenadière et viser par la phalange.

DEUXIÈME LEÇON.

Règles de tir du fusil d'infanterie de la garde impériale, modèle 1854.

Lorsqu'on tire sur un objet d'une certaine étendue, on doit diriger la trajectoire sur le centre ou le milieu de cet objet; car, si on la dirigeait vers l'une des extrémités, on aurait plus de chances de la manquer, par suite d'une déviation de la balle, d'une erreur ou d'une maladresse dans le tir.

Ainsi, le milieu du corps ou la ceinture est le but que l'on doit tâcher d'atteindre dans le tir de guerre.

Les règles du tir de guerre du fusil rayé sont relatives aux diverses lignes de mire déterminées par le sommet du guidon d'une part, de l'autre par le cran de mire de la hausse et des différentes positions du pouce.

RÈGLES DE TIR POUR LA BALLE ÉVIDÉE.

A 200 mètres et à toute distance plus petite, viser la ceinture.

A 250 mètres, viser la tête.

A 300 mètres, placer le pouce en arrière de la capucine, et viser en faisant passer le rayon visuel par la naissance de l'ongle.

A 350 mètres, placer le pouce en arrière de la capucine, et viser par la première phalange du pouce.

A 400 mètres, placer le pouce sur la capucine et viser en faisant passer le rayon visuel par la première phalange du pouce.

A 450 mètres, placer le pouce à 5 centimètres en avant de la capucine et viser comme à 400 mètres.

A 500 mètres, placer le pouce à 10 centimètres en avant de la capucine et viser comme à 400 mètres.

RÈGLES DE TIR DU FUSIL D'INFANTERIE DE LA GARDE IMPÉRIALE MODÈLE 1854, CHARGÉ AVEC LA CARTOUCHE A BALLE SPHÉRIQUE DE 16^{mm},7 DE DIAMÈTRE.

A 200 mètres et à toute distance plus petite, viser la ceinture.

A 300 mètres, placer le pouce sur la capucine et viser en faisant passer le rayon visuel par la première phalange du pouce.

A 400 mètres, placer le pouce à 10 centimètres en avant de la capucine et viser comme à 300 mètres.

RÈGLES DU TIR A LA CIBLE.

Les règles du tir à la cible sont les mêmes que celles du tir de guerre.

La cible réglementaire de 2 mètres de hauteur, sur 0m,50 de largeur, représente un fantassin équipé, d'une taille de 1m,78. La coiffure du fantassin complète la hauteur de 2 mètres que l'on donne à la cible.

Le milieu du corps du fantassin est marqué sur la cible par un cercle noir, dont le rayon sera de 0m,10, depuis la plus petite distance jusqu'à 250 mètres inclusivement.

Au delà de 250 mètres jusqu'à 500 mètres inclusivement, le rayon du cercle noir des cibles sera de 0m,15.

Lorsqu'on devra tirer sur plusieurs cibles contiguës, il n'y aura qu'un seul cercle noir pour toutes les cibles. Le centre du cercle sera toujours placé à 0m,85 du pied des cibles, sur la verticale qui partagera leur surface en deux parties égales.

Le cercle noir placé à hauteur de ceinture est le but que l'on se propose d'atteindre, lorsqu'on tire à la cible.

Les cibles ne porteront aucune bande, aucun point de repère indiquant au soldat la direction qu'il doit donner à la ligne de mire, lorsque les règles de tir prescrivent de la diriger au-dessus du but. Ce sera au tireur d'estimer la position des points de la cible qu'il faut viser, dans ces différents cas, pour atteindre le centre du cercle.

TITRE III.

THÉORIE ET PRATIQUE DE L'APPRÉCIATION DES DISTANCES.

Pour appliquer les règles de tir du fusil rayé, le tireur doit connaître la distance qui le sépare du but sur lequel il dirige ses coups.

Dans les tirs d'instruction, la cible est généralement placée à des distances mesurées et bien connues. La règle à suivre pour diriger l'arme est alors déterminée avec précision; mais lorsqu'il s'agit d'appliquer les règles de tir devant l'ennemi, la distance est inconnue, et il importe de l'apprécier le plus promptement et le plus exactement possible, afin de régler le tir en conséquence.

L'appréciation des distances se fait à la vue simple, où à l'aide d'instruments.

Pour apprendre aux soldats à apprécier les distances à la vue, on se conformera aux prescriptions suivantes.

On s'occupera d'abord des moyens de vérifier l'estimation d'une distance.

Cette vérification se fera en mesurant la

distance à l'aide d'un cordeau, ou plus simplement en comptant le nombre de pas nécessaire pour parcourir la distance.

Un détachement de 16 hommes, dirigé par un sous-officier ou par un caporal instructeur, muni d'un cordeau de 25 mètres de longueur, sera conduit sur le terrain. Les hommes devront avoir l'armement et l'équipement complets, à l'exception du sac.

L'instructeur fera mesurer en ligne droite, sur le terrain, à l'aide du cordeau et de soldats employés comme jalonneurs, une distance de 200 mètres, et marquera, par un petit piquet, par une pierre ou par une raie faite sur le sol, chacune des distances de 50, 100, 150 et 200 mètres.

Il ordonnera aux hommes de parcourir la distance de 100 mètres au pas ordinaire, en leur recommandant de prendre leur allure naturelle, sans chercher à augmenter ou à diminuer la longueur de leurs pas.

Il leur prescrira de compter le nombre de pas qu'ils doivent faire pour parcourir la distance de 100 mètres.

Cette opération, répétée au moins trois fois par chaque soldat, fera connaître le rapport du mètre au pas de chacun des hommes du détachement.

L'instructeur, après avoir interrogé chaque soldat sur le nombre de pas compté en parcourant la distance de 100 mètres, lui fera connaître combien il doit faire de pas pour parcourir 10 mètres.

Lorsque le soldat saura combien il doit faire de pas pour 10 et 100 mètres, il lui sera facile d'évaluer une distance au pas, assez exactement pour le but que l'on se propose dans l'instruction du tir.

Pour estimer une distance au pas, le soldat, à partir du point de départ, comptera ses pas, et dira : 100 mètres, en étendant le pouce de la main droite, les autres doigts fermés, lorsqu'il aura compté le nombre de pas qu'il doit faire pour parcourir 100 mètres. Il recommencera alors à compter ses pas, depuis un jusqu'au nombre qui correspond à 100 mètres. Il dira alors : 200 mètres, en étendant le premier doigt de la main droite, et ainsi de suite, jusqu'à ce qu'il se trouve à moins de 100 mètres du point vers lequel il se dirige et qui limite la distance. En se servant de la main gauche, après avoir levé les cinq doigts de la main droite, il pourra, sans risquer de se tromper, compter 1,000 mètres.

Lorsque le soldat, après avoir compté par centaines, se trouvera à moins de 100 mètres du but, il ne comptera plus que par dizaines et dira : 10 mètres, quand il aura compté le nombre de pas qu'il doit faire pour parcourir 10 mètres. Il recommencera alors à compter ses pas depuis un jusqu'au nombre qui correspond à 10 mètres, et dira : 20 mètres, et ainsi de suite, jusqu'à ce qu'il arrive tellement près du but, qu'il puisse, en faisant le pas plus grand, compter par mètres, qu'il ajoutera immédiatement, mètre par mètre, aux dizaines dont il viendra de compter le nombre. Il n'aura plus alors qu'à compter le nombre de doigts levés pour connaître la distance exprimée en mètres.

Si le soldat se trompait dans l'appréciation de la distance plus petite que 100 mètres, il n'y aurait à cela aucun inconvénient : le soldat compterait une centaine et lèverait un doigt de plus ; il recommencerait à compter par dizaines, puis par mètres lorsqu'il arriverait très-près du but.

L'instructeur formera ensuite son détachement sur un rang à l'une des extrémités de la distance de 200 mètres, du côté où l'on a commencé le métrage, de telle sorte que la ligne droite mesurée soit perpendiculaire au front de la troupe, et passe par le milieu de ce front.

Il ordonnera à quatre hommes du détachement de se porter, le premier à 5 mètres, le second à 100 mètres, le troisième à 150 et le quatrième à 200 mètres, et de faire face au front de la troupe, en se reposant sur leurs armes. Il devra, autant que possible, donner cet ordre à des hommes de taille moyenne.

L'instructeur fera remarquer aux hommes placés dans le rang les diverses parties de l'habillement, de l'équipement, de l'armement et de la figure qu'ils peuvent encore apercevoir nettement sur le soldat situé à 50 mètres, et celles que l'on ne peut plus distinguer facilement à cette distance. Il interrogera les hommes, l'un après l'autre, sur les remarques faites d'après la portée de leur vue ; il ne devra point exiger que les réponses soient les mêmes pour tous les hommes du détachement, puisque les portées de leur vue sont généralement différentes.

L'instructeur portera ensuite l'attention des hommes placés dans le rang sur le soldat situé à 100 mètres, et leur prescrira de faire sur ce soldat des observations du genre de celles dont ils auront déjà rendu compte pour la distance de 50 mètres. En interrogeant les hommes cette seconde fois, il aura soin de leur signaler les différences qui existent entre les deux distances, quant à la netteté de la vision de certains objets.

L'instructeur prescrira ensuite de faire successivement sur les deux soldats, situés l'un à 150 mètres, l'autre à 200 mètres du front de la troupe, des observations analogues à celles dont il vient d'être question pour les distances de 50 et 100 mètres. Il s'attachera surtout à signaler à chaque soldat, et suivant les observations de chacun d'eux, les différences qui existent entre les quatre distances, quant à la vision nette, confuse ou impossible de certains objets.

L'instructeur aura soin de faire remarquer aux hommes que les soldats paraissent d'autant plus petits qu'ils sont plus éloignés, bien qu'ils soient en réalité de taille à peu près égale. Il devra faire remplacer fréquemment les soldats placés aux distances d'observation, afin que l'instruction puisse être donnée également à tous les hommes du détachement.

Lorsque les hommes du détachement auront fait des observations assez nombreuses aux quatres distances désignées, et quand ces observations seront bien gravées dans leur mémoire, l'instructeur procédera à l'estimation des distances comprises dans les limites de 50 à 200 mètres.

Pour cela, après avoir formé le détachement sur un rang et sur une partie du terrain autre que celle dont la mesure des distances aura été faite d'abord, l'instructeur enverra un soldat en avant du front de la troupe, en lui prescrivant de s'arrêter, de faire face et de se reposer sur les armes au commandement de halte. Quand ce soldat sera parvenu à une distance jugée convenable et comprise entre 50 et 200 mètres, l'instructeur commandera halte.

Il prescrira alors aux hommes dans le rang d'observer le soldat qui leur fait face, et d'estimer la distance en se rappelant les observations faites par eux sur des hommes placés aux distances précédement mesurées.

L'instructeur interrogera chaque homme

séparément, en le faisant sortir du rang, et en lui recommandant de répondre à voix basse, afin que l'opinion des derniers hommes interrogés ne soit pas influencée par celle des premiers ; il notera sur un calepin la distance indiquée par chaque soldat.

L'instructeur fera ensuite vérifier la distance au cordeau par deux soldats, et au pas par tous les autres.

Il prescrira à chacun des hommes ayant mesuré la distance au pas de lui en donner la mesure, en s'exprimant à voix basse, et il inscrira sur le calepin, d'une part, la distance réelle, de l'autre, les distances mesurées au pas, à côté des distances estimées à la vue par chaque soldat.

L'inscription de ces différents résultats étant faite sur le calepin, l'instructeur en donnera lecture au détachement. Il rectifiera les erreurs que chacun des hommes aura pu commettre dans l'estimation de la distance à vue, ou dans la mesure de cette distance au pas.

L'instructeur fera répéter les mêmes exercices autant de fois qu'il le jugera nécessaire, en ayant soin de choisir chaque fois une distance différente, mais toujours comprise dans les limites ci-dessus indiquées.

Les séances d'appréciation des distances devront avoir lieu dans des circonstances atmosphériques diverses, et, si la localité le permet, les détachements devront être conduits sur des terrains de configuration différente.

Lorsque l'instructeur jugera que les hommes de son détachement, qui devront, autant que possible, être les mêmes pendant la durée totale des exercices, savent apprécier avec une exactitude suffisante les distances comprises entre 50 et 200 mètres, il procédera à l'estimation des distances comprises entre 200 et 400 mètres.

Dans ce but, il fera mesurer au cordeau une distance de 400 mètres, et marquera sur la ligne droite mesurée les distances de 200, 250, 300, 350 et 400 mètres.

Le détachement étant formé comme il a été expliqué, l'instructeur ordonnera à cinq soldats de se porter, le premier à 200 mètres, le deuxième à 250, le troisième à 300, le quatrième à 350, le cinquième à 400 mètres du front de la troupe, de faire face et de se reposer sur leurs armes. Il fera commencer alors pour ces distances des observations analogues à celles déjà faites pour les distances plus petites et pour celles de 200 mètres. Cette dernière distance devra être l'objet d'une étude particulière, et sera le terme de comparaison auquel pourront se rapporter toutes les remarques recueillies aux autres distances.

L'instructeur fera estimer les distances comprises entre 200 et 400 mètres, comme on l'a expliqué pour les distances plus petites.

Lorsque les hommes du détachement sauront apprécier à un degré d'approximation suffisant les distances comprises entre 200 et 400 mètres, l'instructeur fera estimer une distance quelconque entre les limites de 50 et 400 mètres.

Les exercices de l'appréciation des distances seront bornés, pour les jeunes soldats, à ceux qui sont expliqués ci-dessus.

Après avoir répété, chaque année, ces mêmes exercices, les anciens soldats, dirigés par les commandants de compagnie, seront exercés à évaluer les distances comprises entre 200 et 800 mètres (à cette dernière distance, le fusil rayé avec la balle évidée donne encore de bons résultats, en employant à cette distance une hausse mobile).

L'appréciation de ces distances ne sera plus faite, comme précédemment, sur des hommes isolés, mais sur des groupes. Les distances seront évaluées de prime abord, sans que l'on s'astreigne à faire préalablement des observations dans les limites de ces distances. Chaque compagnie, dirigée par le capitaine, sera partagée en deux sections, commandées par le lieutenant et le sous-lieutenant.

Le capitaine passera d'une section à l'autre pour diriger et surveiller les exercices.

Le chef de chaque section, après avoir arrêté sa troupe dans une position favorable indiquée par le capitaine, fera reposer sur les armes et commandera : en place repos.

Un groupe armé, composé d'un caporal, d'un clairon ou d'un tambour, et de deux soldats, se portera immédiatement en avant de la section, en suivant une ligne que le chef de section aura déterminée par deux points de repère reconnus dans la campagne.

Le caporal, après avoir parcouru une distance dépassant 200 mètres, et, qu'il sera libre, du reste, de fixer à son gré, pourvu qu'elle soit plus petite que 800 mètres, placera les trois hommes sur un rang, à un pas d'intervalle, faisant face à la section et reposés sur leurs armes ; il se tiendra lui-même à la droite du rang dont le milieu sera établi sur la ligne.

Le chef de section évaluera la distance du groupe pour son propre compte, et, lorsqu'il jugera que les sous-officiers et caporaux sous ses ordres ont eu le temps de l'apprécier de leur côté, il interrogera à voix basse les sous-officiers et les caporaux en les faisant sortir des rangs. Il tiendra note de l'évaluation faite par chaque sous-officier ou caporal. Ceux-ci interrogeront à leur tour les soldats, et prendront, chacun pour un certain nombre de ces derniers, la note des évaluations.

Dès que la distance sera appréciée, et que le chef de section commencera à interroger les sous-officiers, un sergent, aidé de deux soldats porteurs d'un cordeau de 25 mètres et d'un double mètre, mesurera la distance qui sépare la section du groupe. Il tiendra note exacte de cette distance, et l'indiquera au clairon ou au tambour du groupe, en ne tenant compte que des centaines et dizaines de mètres. Quand le chiffre des unités sera plus petit que 5 ou égal à 5, il le négligera. Quand ce chiffre sera plus grand que 5, il indiquera au clairon ou au tambour une dizaine de plus; mais, dans tous les cas, il devra inscrire en chiffres, sur son calepin, la distance exacte, à un décimètre près.

Quand toutes les notes des évaluations auront été prises, et que la distance aura été mesurée, le chef de section fera rentrer les sous-officiers et les caporaux à leur poste. Il ordonnera à un caporal, muni d'un fanion engagé dans le canon de son fusil, de se porter à dix pas sur la droite de la section, et d'élever le fanion en l'air. A ce signal, le sous-officier chargé de mesurer la distance prescrira au clairon ou au tambour de l'indiquer par une sonnerie ou par une batterie.

Le clairon indiquera la distance par autant de coups de langue traînants qu'elle contiendra de centaines de mètres, et par autant de coups de langue brefs qu'elle contiendra de dizaines de mètres en sus des centaines; il laissera un intervalle suffisant entre les deux espèces de coups de langue. Le tambour indiquera la distance par autant de roulements qu'elle contiendra de centaines de mètres, et par autant de coups de baguettes qu'elle contiendra de dizaines de mètres en sus des centaines. Après la sonnerie ou la batterie, le caporal muni du fanion rentrera dans le rang; le groupe fera demi-tour, se portera en avant sur la ligne et parcourra une distance que le caporal sera libre de fixer, pourvu qu'il ne sorte pas des limites prescrites. Le caporal établira le groupe sur la ligne comme il a été dit.

Quand le groupe sera placé face à la section, le sergent chargé de mesurer la distance démasquera la ligne après avoir marqué l'extrémité de la distance mesurée. Il observera la section, et dès qu'il s'apercevra que le chef de section commence à interroger, il mesurera la distance qui sépare le groupe de sa première station. Il tiendra note exacte de cette distance et l'ajoutera à la première; il agira ensuite comme il a été dit ci-dessus. La section fera pour la nouvelle distance ce qui a été indiqué pour la première, et les exercices continueront de la même manière pendant la première reprise de chaque séance.

Lorsque le caporal du groupe aura pris position très-près de l'extrémité de la distance de 800 mètres, il devra rétrogader, et le sergent chargé de mesurer les distances aura soin de retrancher, dans ce cas, la nouvelle distance mesurée de celle à laquelle il se trouvait de la section avant de revenir sur ses pas.

Avant le repos, le chef de section se portera sur une autre partie du terrain ; il sera rallié par le sergent chargé de mesurer les distances, et par le groupe. Les exercices de la deuxième reprise se feront comme ceux de la première.

ESTIMATION DES DISTANCES A L'AIDE D'UNE STADIA.

Dans les différents exercices de l'appréciation des distances à la vue simple, on aura pu remarquer que la grandeur des soldats de taille moyenne, placés aux diverses distances d'observation, paraît d'autant plus petite qu'ils sont plus éloignés.

Il résulte de cette observation que, si l'on avait le moyen de mesurer la hauteur apparente d'un fantassin équipé et de taille moyenne, on pourrait, par cette mesure, déterminer la distance de ce fantassin au point que l'on occuperait, si l'on savait d'avance que telle hauteur apparente du soldat équipé correspond à telle distance.

Or, il est facile de mesurer approximativement la hauteur apparente d'un objet quelconque, entièrement à découvert, et situé à une distance comprise dans les limites de la vue. Pour prendre cette mesure, il suffit de tenir verticalement, de la main droite, une petite règle graduée sur les bords en millimètres ; de diriger un rayon visuel par la partie supérieure de la règle et par le point le plus élevé de l'objet ; de faire passer ensuite, sans remuer la règle, et sans déranger la tête, un autre rayon visuel par le point le plus bas placé sur l'objet, en se servant du pouce pour marquer l'endroit où ce rayon rencontre le bord gradué de la règle. On s'assure que la portion de la règle interceptée par les deux rayons visuels couvre bien exactement la hauteur entière de l'objet, et la mesure de la hauteur apparente est donnée par le nombre de millimètres contenu sur le bord de la règle entre les deux rayons visuels.

La hauteur apparente ainsi mesurée sera différente pour le même objet ne changeant pas de distance, si l'on ne place pas la règle à la même distance de l'œil ; mais, si l'on tient la règle verticalement et toujours également éloignée de l'œil, on retrouvera toujours la même hauteur apparente, quand l'objet ne changera pas de distance et de dimension.

Si donc on marque sur les faces et sur les bords d'une petite règle les différentes hauteurs apparentes du fantassin, mesurées comme il vient d'être expliqué, aux diverses distances de 100, 125, 150 mètres, etc., on pourra, au moyen de cette règle ainsi graduée, juger de la distance d'un fantassin équipé, de taille moyenne, si l'on tient, comme il a été dit, la règle à la distance de l'œil pour laquelle les hauteurs apparentes ont été mesurées.

On parviendrait, par expérience, et en opérant comme il vient d'être expliqué, à marquer sur une petite règle les hauteurs apparentes du fantassin placé à diverses distances; mais il est beaucoup plus simple de déterminer les divisions de la règle par le calcul, en prenant pour hauteur moyenne du fantassin 1m,80, y compris la coiffure.

Comme, à la guerre, on n'a pas besoin seulement d'estimer la distance d'un fantassin ou d'une troupe d'infanterie, mais encore celle d'un cavalier ou d'une troupe de cavalerie, il est nécessaire de calculer les hauteurs apparentes du cavalier, que l'on supposera d'une hauteur de 2m,50; sur un des côtés de la règle, on marquera les hauteurs apparentes du fantassin; sur l'autre côté, celles du cavalier.

Les instruments très-simples construits de cette manière, et auxquels on donne le nom de *stadia*, laissent une grande incertitude dans la détermination des distances, dès qu'elles dépassent 200 mètres.

On obtient de meilleurs résultats et une appréciation plus prompte et plus facile, en se servant d'une stadia construite d'après les mêmes principes, mais sur laquelle les hauteurs apparentes sont marquées plus distinctement, et sont mesurées pour une distance exprimée par un nombre quelconque de mètres, dans les limites où l'appréciation est utile ou possible.

Cette stadia consiste en un triangle isocèle (voir la pl. fig. 3), découpé sur une plaque métallique ou sur une feuille de carton.

L'intervalle des deux grands côtés du triangle, lorsqu'on le mesure parallèlement à la petite base, diminue de plus en plus, et par degrés insensibles, de la base au sommet. En prenant cette base égale à la hauteur apparente du fantassin placé à 125 mètres, par exemple, les différents intervalles des grands côtés représenteront la série continue et décroissante des hauteurs apparentes, depuis 125 mètres jusqu'aux plus grandes distances. On pourra donc trouver, d'un côté à l'autre du triangle, un intervalle égal à la hauteur apparente du fantassin situé à une distance déterminée, plus grande de 125 mètres, quelle que soit d'ailleurs cette distance.

La base et la hauteur du triangle étant choisies de manière à ne point rendre les divisions confuses, et à ne pas augmenter outre mesure les dimensions de l'instrument, il sera très-facile de déterminer sur les grands côtés du triangle les intervalles égaux aux diverses hauteurs apparentes du fantassin équipé, placé aux distances de 150, 175, 200, 225 mètres, etc.

La position de ces intervalles sera marquée par de grands traits, lorsqu'ils correspondront à des distances exprimées en nombres ronds de 200, 300, 400 mètres, etc.; par de petits traits, lorsqu'ils correspondront aux distances de 225, 325, 425 mètres, etc., et par des traits moyens pour les distances de 150, 250, 350 mètres, etc. Au-dessus des grands traits seront inscrits des chiffres indiquant les distances.

Lorsqu'on voudra se servir de cette stadia pour mesurer la distance d'un fantassin équipé, on tiendra la feuille de carton ou la plaque métallique entre le pouce et les deux premiers doigts de la main droite, la petite base du triangle placée verticalement, le bras tendu de toute sa longueur, la tête droite et immobile; on regardera, en fermant l'œil gauche, le fantassin à travers le triangle découpé, et l'on fera mouvoir l'instrument jusqu'à ce que les deux rayons visuels, dirigés l'un à la partie supérieure de la coiffure, l'autre aux pieds du soldat, rasent les deux grands côtés du triangle, de telle sorte que le fantassin soit intercalé dans les deux côtés. On regardera alors le trait marqué au point où l'intercalation a lieu, et ce trait indiquera la distance. Si aucun trait n'est marqué en ce point, on regardera les deux traits les plus proches, et avec un peu d'habitude on lira facilement la distance.

En faisant mouvoir la stadia, on doit avoir

soin de la laisser toujours à la même distance de l'œil et de tenir la petite base verticale.

Il est bien entendu que cette stadia, comme les précédentes, doit être placée à la distance de l'œil pour laquelle les hauteurs apparentes ont été calculées, ou, du moins, à une distance très-peu différente.

La stadia doit être graduée, d'un côté, pour l'estimation des distances du fantassin, et, de l'autre, pour celle des distances du cavalier.

Dans les divers exercices de l'appréciation des distances, les officiers, les sous-officiers et les caporaux pourront se servir de la stadia, ou de tout autre instrument de même genre admis par le chef de corps.

OBSERVATIONS GÉNÉRALES,

SUR LES EXERCICES DE L'APPRÉCIATION DES DISTANCES.

On ne peut rien prescrire quant à la durée de l'instruction pratique de l'appréciation des distances et à la répartition de toutes les parties de cette instruction en plusieurs séances. On aura soin seulement de suivre dans les exercices la marche indiquée dans cette leçon, et de reprendre, à chaque séance, la série de ces exercices au point où on l'aura laissée dans la séance précédente.

L'instruction de l'appréciation des distances sera donnée lorsque les autres parties du service le permettront ; elle précédera les exercices du tir à la cible, et continuera en même temps que ces derniers ; on y emploiera une partie des séances de tir, pendant lesquelles les soldats perdent souvent du temps à attendre leur tour de tirer.

MM. les officiers devront particulièrement s'exercer à l'appréciation des distances, qui n'est pas moins utile à un manœuvrier qu'à un tireur. Comme ils sont appelés à commander le feu et à régler le tir devant l'ennemi, ils doivent acquérir l'habitude d'estimer rapidement une distance.

TITRE IV.

PRATIQUE DU TIR.

PREMIÈRE LEÇON.

Exercices préparatoires de tir.

Dans les exercices de cette première leçon, l'instructeur commandera un détachement de douze hommes au plus. Ces hommes seront formés sur un rang, à un pas d'intervalle, quand les exercices auront lieu sur le terrain.

Si l'on dispose d'un assez grand nombre d'instructeurs, il sera avantageux, surtout pour l'instruction des jeunes soldats, de réduire chaque détachement au plus petit nombre d'hommes possible.

Dans tous les exercices préparatoires du tir, à l'exception de ceux du pointage sur chevalet, les anciens et les jeunes soldats devront avoir le sac; la baïonnette sera toujours placée au bout du canon.

Les séances d'instruction préparatoire de tir seront, autant que possible, de deux heures, en y comprenant une pause d'un quart-d'heure.

ARTICLE PREMIER.

POINTAGE.

L'instruction du pointage se donnera d'abord dans les chambres.

L'instructeur placera un fusil sur le chevalet de pointage (1) et dirigera la ligne de mire sur un point des murs ou des fenêtres, marqué par un pain à cacheter ou de toute autre manière. Il aura soin de placer le guidon et la hausse de telle sorte que ces parties de l'arme ne penchent ni à droite ni à gauche.

L'instructeur commencera par montrer aux hommes les deux points qui déterminent la ligne de mire, c'est-à-dire le sommet du guidon et le milieu du fond du cran de mire ; il leur expliquera que, pour viser, il suffit de mettre ces deux points et celui que l'on doit viser sur un même rayon visuel; que, par conséquent, il ne faut pas regarder ces trois points avec les deux yeux, mais avec un seul, l'œil droit, en fermant pour cela l'œil gauche.

L'instructeur prescrira ensuite aux hom-

(1) Le chevalet de pointage peut être remplacé avantageusement par un sac à capsules rempli de terre; ce sac est placé entre les baïonnettes d'un faisceau d'armes.

mes de regarder, l'un après l'autre, en fermant l'œil gauche et en se plaçant en arrière de la crosse sans la toucher, le milieu du fond du cran de mire, le sommet du guidon et le milieu du pain à cacheter sur lequel la ligne de mire aura été préalablement dirigée, et de voir par eux-mêmes que ces trois points sont bien sur le même rayon visuel, ou, ce qui est la même chose, en ligne droite.

L'instructeur, après avoir dérangé le fusil, prescrira successivement à chaque soldat de viser le point désigné; il vérifiera le pointage, indiquera à chaque homme, s'il y a lieu, les erreurs qu'il aura commises, en lui faisant voir que la ligne de mire n'est pas dirigée convenablement, et qu'elle passe au-dessus ou au-dessous, à droite ou à gauche du point qu'il fallait viser. Après avoir rectifié le pointage exécuté par chaque soldat, l'instructeur aura soin de déranger le fusil.

Les hommes pointeront en se plaçant en arrière de la crosse et en faisant mouvoir l'arme avec la main droite.

L'instructeur répétera ensuite le même exercice; mais, au lieu de rectifier d'abord par ses propres yeux le pointage exécuté à tour de rôle par chaque soldat, il le fera vérifier successivement par tous les autres, en demandant à chacun de ces derniers si la ligne de mire passe à droite ou à gauche, au-dessus ou au-dessous du point désigné. Lorsque tous les hommes auront exprimé leur opinion, l'instructeur donnera la sienne et corrigera ainsi toutes les erreurs qui auraient pu être commises. L'instructeur fera recommencer cet exercice autant de fois qu'il sera nécessaire, et donnera, après chaque séance, une note bonne, médiocre ou mauvaise, à chaque pointeur.

Les officiers chargés de l'instruction prendront connaissance de ces notes.

Quatre séances de deux heures chacune, séparées par un repos d'un quart-d'heure et consacrées à cette première partie de l'instruction du pointage, suffiront pour que la généralité des jeunes soldats sache diriger une ligne de mire sur un point déterminé.

Il ne faudra qu'une seule séance de cette espèce pour s'assurer, chaque année, que les anciens soldats n'ont pas oublié les principes très-simples du pointage.

Lorsqu'on donnera l'instruction hors des chambres, on fera viser sur la cible réglementaire placée aux distances de 200 ou de 250 mètres, en se conformant aux principes donnés dans la deuxième leçon par les règles de tir à ces distances.

ARTICLE II.

POSITION DU TIREUR ISOLÉ DEBOUT.

Lorsque les hommes connaîtront suffisamment le pointage, on leur enseignera à prendre la position du tireur isolé debout.

Après avoir formé son détachement sur un seul rang, en prescrivant aux hommes de se tenir à un pas d'intervalle, l'instructeur, faisant face au milieu de la troupe, à dix pas de distance, donnera lentement le détail de la position, en exécutant lui-même les mouvements prescrits.

POSITION DU TIREUR ISOLÉ DEBOUT.

(1 *temps et* 3 *mouvements.*)

Premier et deuxième mouvements. Croiser la baïonnette, en plaçant le milieu du pied droit vis-à-vis et à 40 centimètres environ du talon gauche, la tête élevée, le corps d'aplomb et reposant également sur les deux jambes ; armer et saisir l'arme à la poignée.

Troisième mouvement. Rentrer légèrement la pointe du pied gauche, élever l'arme avec les deux mains, appuyer la crosse contre l'épaule, le corps restant droit et la tête levée, la main gauche plus ou moins rapprochée de la capucine, suivant la conformation de l'homme, la monture reposant sur la paume de cette main, le pouce allongé sur le bois, les autres doigts placés sur le bord de la monture, le coude gauche en dedans. Fermer l'œil gauche, lever l'épaule droite, afin d'amener la ligne de mire à hauteur de l'œil droit, le coude levé à peu près à hauteur de l'épaule ; faire passer un rayon visuel par les deux points de la ligne de mire, en la tenant horizontale, et en penchant le moins possible la tête à droite ; maintenir le sommet du guidon et le cran de mire dans le plan vertical de tir, le pouce de la main droite en travers sur la poignée, la deuxième phalange du premier doigt de la main droite en avant de la détente sans la toucher, les autres doigts entourant la poignée et s'aidant du pouce pour tenir le fusil.

L'instructeur, après avoir détaillé la position, la fera prendre par chaque soldat, en commençant par le premier placé à la droite du rang. Il s'approchera de celui qu'il voudra instruire, afin de soutenir l'arme de ce soldat en portant la main à la grenadière. Il aidera ainsi les hommes à prendre la position dans les commencements, et diminuera leurs fatigues pendant le temps employé à leur donner les premiers renseignements et à rectifier les positions.

L'instructeur fera ensuite prendre la position par le même soldat sans le guider et sans soutenir son arme. Après lui avoir indiqué, s'il y a lieu, en quoi sa position est défectueuse, il la lui fera quitter.

Pour faire prendre ou quitter la position, l'instructeur dira :

Prenez la position du tireur debout,
ou *quittez la position.*

Lorsque l'instructeur passera d'un soldat à un autre pour enseigner la position prescrite, il ordonnera à celui qu'il quittera de prendre de lui-même cette position, de la garder un instant, de la quitter et de la reprendre autant de fois qu'il le pourra pendant que l'instruction sera donnée aux autres.

Lorsque les hommes devront prendre et quitter fréquemment la position, il faudra leur recommander de ne point armer.

L'instructeur fera ensuite prendre la position par tous les hommes à la fois, et les laissera en joue pendant un temps suffisant pour qu'ils s'affermissent dans la position prescrite, mais assez court cependant pour ne point occasionner une fatigue trop grande.

Placé devant le rang, l'instructeur adressera des observations aux soldats, afin de rectifier leur position.

La position du tireur debout pourra être enseignée dans les chambres; dans ce cas, l'instructeur ne s'occupera que d'un seul homme à la fois. Pendant que chaque soldat recevra les avis de l'instructeur, les autres s'exerceront à prendre, conserver et quitter la position.

Deux séances seront employées à donner aux jeunes soldats la position ci-dessus décrite; une seule suffira aux anciens. Dans ces séances, on ne prescrira pas aux soldats de viser un point désigné, mais seulement de faire passer un rayon visuel par les deux points de la ligne de mire, et de tenir cette ligne à peu près horizontale.

ARTICLE III.

POSITION DU TIREUR ISOLÉ DEBOUT ET POINTAGE.

Lorsque les hommes seront suffisamment affermis dans la position du tireur debout, telle qu'elle est décrite au commencement de l'article 2, ils seront exercés à la garder en visant un point que l'instructeur désignera, et à la modifier comme elle doit l être, lorsqu'il faut se servir du pouce.

Les deux reprises de chaque séance seront alors employées à des exercices différents. Pendant la première, l'instructeur fera viser dans la position du tireur debout. Pendant la deuxième, il fera pointer sur chevalet, appliquer les règles de tir et revoir la nomenclature des diverses parties de l'arme.

Dans le pointage sur chevalet, le soldat sera placé derrière la crosse, comme il est dit à l'article premier.

Lorsque le soldat devra viser dans la position du tireur debout, l'instructeur lui prescrira de diriger la ligne de mire au-dessous du point désigné, et d'élever lentement cette ligne jusqu'à ce qu'elle passe par le point qu'il faut viser, de l'arrêter sur ce point, en conservant l'immobilité de l'arme et du corps.

Lorsque les exercices auront lieu sur le

terrain, les hommes prendront la position et viseront ensemble, au commandement de l'instructeur, qui dira, par exemple :

A 500 *mètres, pointez le fusil dans la position du tireur debout.*

Aux distances comprises entre 250 et 500 mètres, l'instructeur veillera à ce que le soldat place le pouce et la main gauche ainsi qu'il a été prescrit par les règles de tir à ces distances.

L'instructeur aura soin de ne point tenir les hommes trop longtemps dans cette position, et de leur indiquer le but disposé comme il a été dit dans le premier article. Trois séances seront employées à faire exécuter aux jeunes soldats ce qui est prescrit dans le présent article, il sera revu dans une seule séance par les anciens.

ARTICLE IV.

POSITION DU TIREUR A GENOU ET POINTAGE.

On ne fera point de commandement régulier, on ne distinguera ni temps ni mouvements. L'instructeur dira seulement aux soldats, lorsqu'il le faudra : *prenez la position du tireur à genou* ou *quittez la position.*

L'instructeur détaillera la position du tireur à genou de la manière suivante :

Prendre la position du premier rang telle qu'elle est décrite dans l'école du soldat après le commandement : *apprêtez vos armes*, sans armer.

Faire pivoter la jambe droite sur le genou appuyé à terre; placer cette jambe à peu près perpendiculairement à la direction du pied gauche dans la position la plus commode.

Soulever l'arme avec la main gauche, l'abattre à l'aide des deux mains, l'avant-bras gauche appuyé sur la cuisse gauche, la main droite à la poignée, la crosse touchant la cuisse droite ; s'asseoir en même temps sur le talon droit ; prendre de l'aplomb et de l'aisance; armer.

Mettre en joue en appuyant le coude gauche sur la cuisse et près du genou du même côté, la main gauche soutenant l'arme près de la platine, l'épaule droite levée ou abaissée selon la position du but, le coude à peu près à hauteur de l'épaule ; diriger la ligne de mire sur le point qu'indiquent les règles de tir, en maintenant le sommet du guidon et le cran de mire dans le plan vertical de tir, le pouce de la main droite en travers sur la poignée, la deuxième phalange du premier doigt de la main droite en avant de la détente, sans la toucher, les autres doigts entourant la poignée et s'aidant du pouce pour tenir le fusil.

L'instructeur, après avoir pris et détaillé

en même temps la position du tireur isolé à genou, se conformera, pour la faire prendre aux hommes, à ce que prescrivent les articles 2 et 3, pour la position du tireur debout.

Trois séances seront employées à faire exécuter aux jeunes soldats ce qui est prescrit dans cet article. Il sera revu dans une seule séance par les anciens.

Dans ces séances, on ne pointera plus sur chevalet; l'instructeur fera viser et appliquer les règles de tir en même temps qu'il enseignera la position. Dans la deuxième reprise de la troisième séance, il fera prendre alternativement aux jeunes soldats la position du tireur debout et celle du tireur à genou, en prescrivant de pointer sur le but qu'il désignera.

Des deux positions du tireur isolé, la position à genou n'est pas toujours praticable; quoiqu'elle offre des conditions avantageuses pour la régularité du tir, la position à genou fait perdre beaucoup de temps au tirailleur par la lenteur qu'il met à la prendre, et par la nécessité où il est de la quitter pour charger convenablement son arme. Aussi cette position doit être considérée comme exceptionnelle; elle est bonne seulement dans quelques circonstances particulières de la guerre. C'est pour ces motifs que, dans les exercices de tir, on la fait prendre bien moins fréquemment que la position du tireur debout. Cette dernière est d'ailleurs bien plus difficile à conserver ; elle demande beaucoup d'étude, et ce serait empêcher les hommes de s'habituer à cette vraie position du tireur que de les faire tirer trop souvent à genou (1).

L'appui que le tireur donne à son arme, en plaçant le coude sur le genou, dans la position à genou, n'est pas le seul moyen que l'on ait à la guerre pour augmenter la justesse du tir. Dans certains cas, une branche, un tronc d'arbre, la plongée d'un parapet, etc., peuvent fournir un appui préférable à celui que l'on trouve sur le genou.

ARTICLE V.

CONSERVATION DE L'IMMOBILITÉ DE L'ARME ENTRE LES MAINS DU TIREUR, PENDANT QU'IL AGIT SUR LA DÉTENTE ET APRÈS QUE LE CHIEN A ÉTÉ ABATTU SUR LE TAMPON.

On maintient facilement la ligne de mire d'une arme dans une direction donnée, tant qu'il ne s'agit pas d'appuyer sur la détente pour faire partir le coup ; mais lorsqu'on en vient là, il se présente une difficulté assez grande.

(1) La position à genou ne peut être prise que jusqu'à 250 mètres inclusivement, parce que, au de à de cette distance, le pouce de la main gauche devant servir de hausse, il ne serait plus possible de placer le coude gauche sur le genou.

En appuyant sur la détente, on risque de déranger l'arme, de sorte que, bien dirigée avant qu'on ait touché la détente, elle peut ne plus l'être au moment où le coup part.

Il faut donc que le tireur ne cesse pas de maintenir la ligne de mire de son arme sur le point qu'indiquent les règles, pendant tout le temps qu'il agit sur la détente, et tant que le coup n'est pas parti. Le coup doit le surprendre occupé à maintenir la ligne de mire sur le point indiqué par les règles de tir.

Le tireur parviendra à ce résultat, s'il retient sa respiration au moment où il commence à toucher la détente jusqu'à ce que le coup soit parti, s'il n'agit point brusquement sur elle, s'il sait exercer par degrés une pression de plus en plus forte sur ce levier, s'il place le doigt de manière à lui laisser toute sa force et à lui communiquer des mouvements très restreints, en le faisant agir, non point par l'extrémité, mais par la deuxième phalange, autant que la conformation de l'homme le permettra.

Lorsqu'on devra exécuter, soit dans les chambres, soit sur le terrain, les exercices prescrits par cet article, le tampon devra être sur la cheminée, et l'on aura soin qu'il n'empêche pas de viser.

L'instructeur indiquera successivement à chaque soldat la manière d'agir sur la détente. Il prendra devant eux une position commode, semblable à celle du deuxième mouvement du premier temps de la charge.

Dans cette position, il tiendra l'arme à la poignée de la main droite, engagera le premier doigt en avant de la détente jusqu'à la deuxième phalange, agira par degrés sur la détente, en regardant le tampon placé sur la cheminée. Il fera prendre cette même position et exécuter ces mêmes mouvements par chaque soldat, et lui montrera la manière d'agir sur la détente.

Après avoir fait répéter cet exercice plusieurs fois par chaque homme, l'instructeur expliquera à son détachement comment on doit opérer, lorsqu'on veut faire partir le coup sans déranger l'arme, après avoir visé et pris les positions prescrites par l'instruction sur le tir ou par l'école du soldat.

Il donnera cette explication de la manière suivante :

Agir par degrés sur la détente avec la deuxième phalange du premier doigt de la main droite, en fermant les articulations de ce doigt, sans remuer le bras, et en ayant soin de retenir la respiration, de telle sorte que le coup surprenne le tireur occupé à maintenir la ligne de mire sur le point visé.

Rester en joue un instant après que le coup est parti, et s'assurer que la ligne de mire passe encore par le point premièrement visé.

L'instructeur prescrira au soldat de prendre l'une ou l'autre des deux positions du tireur, mais beaucoup plus fréquemment la position du tireur debout, et de faire partir le coup sans commandement, comme il vient d'être expliqué. Il indiquera la distance réelle ou supposée du but; il exigera que les hommes se servent de la hausse ou du pouce suivant la distance indiquée. Il aura soin de donner aux tireurs l'occasion d'employer un nombre de fois suffisant les principales positions du pouce. Il désignera aux hommes le but sur lequel ils devront pointer.

L'instructeur, pour faire exécuter ces exercices, dira, par exemple :

Prenez la position du tireur debout ;
A 400 *mètres pointez et tirez le fusil.*

L'instructeur corrigera les positions, et reconnaîtra facilement, par les mouvements de leurs armes, les hommes qui n'auraient pas d'aplomb et qui ne sauraient pas agir sur la détente.

Cet exercice, très-important, occupera les jeunes soldats pendant cinq séances, et les anciens pendant trois séances.

On pourra, en outre, y former les soldats dans les chambres à des moments perdus.

ARTICLE VI.

TIR SIMULÉ AUX CAPSULES.

Cet article est une répétition du précédent,

avec cette différence, que l'on abat le chien sur une capsule, au lieu de l'abattre simplement sur le tampon, et qu'on ne montre plus aux soldats la manière d'agir sur la détente, comme il est prescrit au commencement de l'article 5.

Les soldats viseront, l'un après l'autre, sur la mèche d'une chandelle placée à une distance de la bouche du canon mesurée par la longueur de la baguette du fusil. Ils auront soin de diriger d'abord la ligne de mire au-dessous de la mèche, d'élever lentement le guidon, de manière à faire partir le coup lorsque la ligne de mire sera dirigée sur le centre de la mèche enflammée.

Si les canons sont bien propres intérieurement, si les hommes sont bien affermis dans les positions, s'ils savent viser, s'ils conservent l'immobilité en visant et en faisant partir le coup, ils éteindront souvent la chandelle.

L'instructeur veillera à l'observation des principes. Il ne fera viser sur la mèche de la chandelle qu'avec la ligne de mire que détermine la hausse.

Le tir simulé aux capsules sera exécuté en deux séances, par les jeunes soldats comme par les anciens.

On consommera dix capsules par homme à chaque séance, cinq à chaque reprise ; quatre capsules dans la position debout, et la cinquième dans la position à genou.

L'exercice du tir aux capsules se fera dans les chambres.

ARTICLE VII.

TIR SIMULÉ AUX CARTOUCHES SANS BALLE.

Dans le tir aux cartouches sans balle, on se conformera aux principes prescrits précédemment.

L'instructeur formera son détachement sur le terrain, comme il a été ordonné au commencement de la première leçon.

Les hommes feront feu successivement sur la cible placée ou supposée placée à une distance réglementaire de tir. Ils appliqueront la règle de tir relative à la distance qui leur sera indiquée par l'instructeur.

Le tir aux cartouches sans balle sera exécuté en deux séances, par les jeunes soldats comme par les anciens.

A chaque séance, il sera brûlé dix cartouches par homme, cinq à chaque reprise.

A chaque reprise, on emploiera quatre cartouches dans la position debout, et la cinquième dans la position à genou.

DEUXIÈME LEÇON.

Tir à la cible aux diverses distances; formation des classes de tireurs.

Les distances réglementaires de tir sont celles de : 150, 200, 250, 300, 350, 400, 450 et 500 mètres.

Elles seront mesurées et marquées sur le champ de tir par les soins du capitaine ou du lieutenant instructeur. Les surfaces sur lesquelles seront recueillies les balles aux diverses distances devront être :

A 150 mètres,		1 cible
A 200 et 250	mètres,	2 cibles contiguës.
A 300 et 350	*idem,*	3 *idem.*
A 400	*idem,*	4 *idem.*
A 450 et 500	*idem,*	5 *idem.*

Le tir, à chaque distance, se fera en deux séances.

Les anciens et les jeunes soldats tireront aux mêmes distances, sur des buts de mêmes dimensions.

A chaque séance, les sous-officiers, les caporaux, les sapeurs et les clairons, les anciens et les jeunes soldats, tireront quatre balles par homme. La baïonnette sera toujours mise au bout du canon.

Trois classes de tireurs seront formées dans les compagnies, d'une part; de l'autre, parmi les jeunes soldats, lorsqu'on connaîtra les ré-

4.

sultats des tirs exécutés aux distances de : 150, 200 et 250 mètres.

La première classe, parmi les anciens comme parmi les jeunes soldats, se composera des hommes qui auront mis dans les cibles au moins 12 *balles sur 24 tirées* à ces trois distances, *comme il est prescrit au commencement de cette leçon.*

La deuxième classe des anciens et des jeunes soldats se composera de ceux qui auront mis dans le but, à ces mêmes distances, 9, 10 *ou* 11 *balles sur* 24.

La troisième classe des anciens et des jeunes soldats sera formée de ceux qui auront mis dans le but, à ces mêmes distances, moins de 9 *balles sur* 24.

Il n'y aura de mutations dans les classes qu'à la fin des exercices du tir à la cible.

Lorsque les tirs aux distances réglementaires seront terminés, les classes seront formées une seconde et dernière fois, d'après les bases suivantes :

La première classe des anciens et des jeunes soldats se composera de ceux qui auront mis dans le but 28 *balles au moins sur* 64 *tirées*, aux huit distances réglementaires; la deuxième, de ceux qui auront mis dans *le but* 24, 25, 26 *ou* 27 *balles sur* 64 ; la troisième, de ceux qui auront mis *moins de* 24 *balles sur* 64.

Les hommes qui auraient manqué à une ou plusieurs séances de tir seront placés dans les classes au rang que leur assignera le total de leurs balles ayant touché le but.

On fera en sorte que les soldats qui, par des motifs légitimes, auraient manqué à quelques-unes des séances du tir à la cible, aient l'occasion d'exécuter les tirs de ces séances.

Les classes des jeunes soldats seront distinctes de celles des anciens.

Les classes des sous-officiers seront distinctes de celles des caporaux, sapeurs clairons et anciens soldats.

Les listes dressées par compagnie, pour toutes les classes, excepté celles des sous-officiers, seront affichées dans les chambres de la compagnie, où elles resteront jusqu'à ce que de nouvelles listes soient établies.

Les classes seront formées chaque année à la reprise des exercices de tir d'après les bases posées ci-dessus.

La formation des classes a pour but de faire connaître aux officiers les bons tireurs de la compagnie, et de stimuler l'amour-propre des hommes.

Les tireurs des différentes classes assisteront aux mêmes exercices de tir, afin que l'instruction du régiment, à un moment donné, soit aussi complète que possible, et pour ne point jeter de complication dans le service.

Toutefois, les soldats de la troisième et de la deuxième classe seront remis aux exercices préparatoires de tir, dans les intervalles des séances du tir à la cible, les premiers pendant un nombre de séances double de celles que le service permettra de consacrer à l'instruction des seconds.

Les détachements conduits au tir à la cible porteront toujours le sac.

Lorsque les tireurs seront arrivés sur le champ de tir, ils seront réunis par classe. La première classe sera placée sur un rang, à dix pas en arrière de la position que le tireur devra occuper, le milieu du rang sur le plan du tir, le front de la troupe perpendiculaire à ce plan.

Les deux autres classes seront partagées en plusieurs détachements d'une même classe, dirigés par des sous-officiers et surveillés par un officier; ces détachements commenceront, sur un terrain voisin du champ de tir, les exercices de l'appréciation des distances d'abord, et ensuite ceux de l'article 5 de la première leçon, de telle sorte que les détachements désignés ci-dessus aient été préparés au tir par les exercices de ce même article quand sera venu leur tour de tirer.

Avant de commencer le tir, l'officier chargé de le diriger fera exécuter un roulement ou la sonnerie de *garde à vous*. A ce signal, chacun se placera à son poste, les officiers et les sous-officiers instructeurs près du point que devra occuper le tireur, les sous-officiers observateurs derrière l'épaulement placé à côté et en avant de la cible.

Pour commencer le tir, le chef de peloton fera exécuter la charge à volonté par les hommes de la première classe, formés sur un rang comme il a été dit. Quand les armes seront chargées, il commandera : *l'arme au bras et en place repos ;* il ordonnera alors de commencer le feu.

Au commandement de : *commencez le feu,* l'homme de la droite du rang se portera directement au point que doit occuper le tireur; après avoir fait feu, il se retirera par la droite et viendra se placer à trois pas en arrière de sa première position. Le deuxième du même côté se portera directement à la place où a tiré le premier, fera feu, se retirera par la droite et viendra se placer en arrière et à trois pas de sa première position, et ainsi de suite pour chaque tireur. Si une arme rate entre les mains du tireur, celui-ci se retirera par la gauche et viendra se placer à la gauche du rang. Un sous-officier enseignera à ce tireur les moyens de remettre l'arme en état de tirer, et tâchera de lui expliquer la cause du raté.

Lorsque l'homme de gauche aura fait feu, le chef de peloton portera le front de sa troupe à la position qu'il occupait d'abord, et commandera la charge à volonté.

Le tir aura lieu ensuite, comme il a été dit, et la charge se fera à volonté, au commandement du chef de peloton.

Pour les trois premières balles, les hommes

feront feu dans la position du tireur debout ; pour la quatrième, ils prendront la position du tireur à genou, jusqu'à 250 mètres seulement.

Les détachements des autres classes exécuteront le tir à la cible de la même manière.

Dans tous les tirs effectués par des tireurs isolés, on se conformera aux mêmes prescriptions.

Avant la formation des classes, les pelotons, à leur arrivée sur le champ de tir, seront partagés en trois sections égales, et l'on fera pour ces sections ce qui a été prescrit ci-dessus pour les classes.

Le commandant du peloton, les officiers présents et le sous-officier instructeur de tir devront éviter de se placer trop près du tireur, afin de ne point le gêner.

L'officier commandant le peloton dirigera le tir et devra veiller à la conservation des positions prescrites. Il rappellera aux hommes la règle de tir. Il aura soin de ne point adresser d'observations au tireur au moment où celui-ci sera sur le point de faire feu. Il se fera aider dans la surveillance du tir par les officiers et sous-officiers qu'il commandera.

Le sergent instructeur de tir tiendra note du nombre de balles mises dans la cible par chaque homme. Les balles mises dans le cercle noir n'auront pas plus de valeur, sur les livrets de tir, que celles qui auront touché un autre point de la cible.

Un sous-officier observateur, placé dans un trou creusé auprès de la butte, et couvert par un petit épaulement en terre damée, d'une épaisseur d'un mètre au minimum, indiquera, à l'aide d'un fanion, les balles qui toucheront la cible et le noir; il lèvera le fanion et le laissera immobile pendant un instant lorsqu'il voudra signaler une balle ayant frappé la cible hors du cercle. Il indiquera que la balle a touché le cercle noir en levant le fanion et en l'agitant.

Il faut une grande attention dans le service du sous-officier chargé de signaler les balles ayant touché la cible.

Toutes les fois qu'une balle touchera la cible, le tambour fera un roulement, ou le clairon donnera trois coups de langue. Si la balle touche le cercle noir, le tambour fera un roulement, suivi de trois coups de baguettes; le clairon sonnera le *garde à vous*.

Après le tir de chaque classe, le lieutenant instructeur de tir, aidé d'un sous-officier ou d'un caporal, comptera le nombre de coups marqués sur les cibles; les trous et les empreintes seront noircis ou entourés d'un trait fait au crayon.

Le sergent instructeur de tir devra, d'après ce relevé, rectifier, le mieux possible, les notes prises dans le tir, en se souvenant des coups douteux qu'il aura dû marquer sur son calepin. Le lieutenant instructeur tiendra note des résultats généraux.

TROISIÈME LEÇON.

Feux de tirailleurs.

Quand le régiment aura terminé tous les tirs à la cible, les feux de tirailleurs seront exécutés par les anciens et par les jeunes soldats. Chaque classe de tireurs, formée d'après les résultats de tous les tirs à la cible, exécutera à part les feux de tirailleurs.

Ces exercices auront lieu en deux séances, dans chacune desquelles on brûlera dix cartouches par homme.

La baïonnette sera toujours placée au bout du canon.

Les feux de la première séance seront ouverts à environ 3[illegible] mètres.

La ligne de tirailleurs fera feu en marchant, conformément aux principes de l'école de tirailleurs. Elle se portera en avant, à partir d'une base jalonnée par les soins du capitaine ou du lieutenant instructeur, et, lorsqu'elle aura brûlé la moitié de ses cartouches, c'est-à-dire cinq par homme, elle battra en retraite. Les cinq dernières cartouches qui resteront à chaque homme seront employées dans le mouvement rétrograde.

Les buts sur lesquels les soldats feront feu seront des cibles reglementaires isolées, placées sur une ligne parallèle à celle des tirailleurs, à cinq mètres d'intervalle, d'axe en axe. On placera autant de cibles que le champ de tir et la composition du matériel le permettront.

La distance de la ligne des cibles à la base du mouvement en avant des tirailleurs sera comprise entre 20 » et 30 » mètres.

Cette distance sera fixée par le lieutenant-colonel et mesurée par les soins du capitaine ou du lieutenant instructeur.

La ligne des cibles sera placée, lorsque le terrain le permettra, et lorsqu'il n'y aura pas d'accidents à redouter, à quelques mètres en avant ou en arrière de l'emplacement ordinaire du but.

Les distances de tir inconnues des commandants de compagnie, des officiers, sous-officiers, caporaux et soldats sous leurs ordres, seront appréciées par les compagnies elles-mêmes, qui agiront comme en présence de l'ennemi.

La distance de la ligne des cibles à la base du mouvement en avant, et les résultats du tir recueillis par le lieutenant et par les sergents instructeurs, seront consignés sur les livrets.

Les feux de la seconde séance seront exécutés comme ceux de la première. Les buts sur lesquels les soldats feront feu se composeront de deux cibles contiguës, et seront placés à cinq mètres de distance, d'axe en axe. La distance de la ligne des cibles à la base du mouvement en avant sera aussi changée; elle sera comprise entre 300 et 500 mètres.

Les feux de tirailleurs seront exécutés par les jeunes soldats de la même manière que par les anciens. Les jeunes soldats seront cependant guidés par le capitaine, les lieutenants et les sergents instructeurs, qui connaîtront les distances, tandis que les officiers et les sous-officiers chargés de diriger les anciens soldats ne pourront qu'estimer l'éloignement des cibles.

QUATRIÈME LEÇON.

Feux de deux rangs et de peloton.

Récapitulation des séances de deux heures et des munitions employées pour l'instruction annuelle des anciens et des jeunes soldats.

Les exercices de tir seront terminés par des feux de deux rangs et de peloton. Ces feux seront exécutés par les anciens soldats, d'une part; de l'autre, par les jeunes soldats.

Toutes les classes de tireurs seront mêlées dans les pelotons formés par rang de taille pour ces exercices.

On exécutera, dans chaque compagnie, et dans la classe des jeunes soldats, à chacune des distances de 200, 300 et 400 mètres :

Par homme, { un feu de deux rangs, de six cartouches, et deux feux de peloton.

Le but, dans tous ces feux, à toutes les distances, sera formé de huit cibles contiguës, et présentant par leur réunion un front de deux mètres de hauteur sur quatre mètres de base. Un cercle noir de 0^m, 15 de rayon sera marqué sur le but ; il aura son centre à 0^m,85 du pied des cibles, sur la verticale partageant la surface du but en deux parties égales.

Les feux de deux rangs et de peloton seront exécutés en trois séances : dans la première, ces feux seront ouverts à 200 mètres ; dans la deuxième, à 300 mètres, et dans la troisième, à 400 mètres. A chaque séance, on commencera par le feu de deux rangs, et l'on terminera par les feux de peloton.

A chaque séance, toutes les fois qu'on fera cesser le feu, les résultats devront être constatés : on tiendra note du nombre de tireurs, de balles tirées, de balles mises dans le but, et des diverses circonstances du tir. Les sergents instructeurs seront chargés de prendre ces notes, et de compter les trous et les empreintes des balles. Ils seront surveillés par le capitaine et le lieutenant instructeur de tir, et par les officiers des compagnies. On aura soin de marquer, après chaque feu, avec de la couleur noire, les trous et empreintes des balles, afin de distinguer les résultats d'un feu des effets que l'on obtiendra dans les feux subséquents.

Les feux de deux rangs et de peloton seront dirigés par le commandant de la compagnie, qui pourra confier aux officiers sous ses ordres, pour leur instruction, le commandement d'une partie de ces feux.

Comme les positions des tireurs dans les feux de deux rangs et de peloton sont différentes de celles qu'ils auront dû prendre dans tous les exercices de tir précédents, il sera nécessaire, avant de faire exécuter les feux de peloton ou de deux rangs à balles, d'habituer les soldats aux positions qu'ils garderont dans ces feux, par des tirs simulés du genre de ceux qui sont indiqués dans la première leçon de la pratique du tir.

Chaque peloton sera exercé pendant deux séances aux feux simulés de deux rangs et de peloton. On simulera d'abord les feux, en faisant abattre simplement le chien sur le tampon. On veillera à ce que les hommes prennent bien les positions prescrites par l'école du soldat; à mettre en pratique, autant qu'il est possible, dans les feux d'ensemble, les principes antérieurement appliqués aux feux individuels.

Les feux de deux rangs et de peloton, simulés comme il vient d'être dit, occuperont les anciens et les jeunes soldats pendant deux séances.

Pendant la deuxième reprise de la première séance, on simulera les feux en faisant partir des capsules, au nombre de dix par homme. Six capsules seront employées dans le feu de deux rangs, et quatre dans le feu de peloton.

Pendant la deuxième reprise de la deuxième séance, on simulera le feu en employant des cartouches sans balle, au nombre de dix par homme; six cartouches sans balle seront brûlées dans les feux de deux rangs et quatre dans le feu de peloton.

Dans tous les feux simulés ou réels, de peloton et de deux rangs, les sous-officiers, caporaux et soldats devront avoir le sac.

La bonne exécution des feux de peloton dépend en grande partie du commandement de l'officier. Si celui qui commande les feux ne laisse pas entre le commandement de *joue* et le commandement de *feu* un intervalle suffisant, quatre secondes, par exemple, les hommes n'ont point le temps de viser. Pour obéir à temps au commandement, ils agissent sur la détente par un mouvement brusque du doigt. Il résulte de là que le feu perd beaucoup de son efficacité, et qu'on n'obtient pas cette simultanéité des coups à laquelle on a bien raison de tenir, puisque l'expérience et le raisonnement montrent qu'en général, toutes choses égales d'ailleurs, un feu de peloton a d'autant plus d'efficacité qu'il a été exécuté avec plus d'ensemble.

Lorsque l'officier laisse entre les deux commandements un intervalle convenable, les hommes ont le temps de bien épauler et de bien ajuster, d'engager le doigt en avant de la détente, et d'attendre le commandement, en exerçant d'avance une faible pression sur la touche de la détente. Ils sont donc prêts à faire partir le coup, lorsqu'ils entendent le commandement de *feu*, et l'on obtient à la fois, par la régularité du commandement, la simultanéité des coups et l'efficacité du tir.

Si l'officier commandant un feu de peloton doit être attentif à laisser un intervalle suffisant entre les commandements de *joue* et *feu*, il ne doit pas moins éviter de tarder trop longtemps à commander le feu. Lorsque l'on laisse trop longtemps les hommes en joue, il se fatiguent, cessent de viser, et ne sont plus prêts à obéir au commandement, en suivant les règles du tir.

Ce n'est qu'en commandant et en voyant exécuter les feux réels de peloton, en mesurant les effets par le nombre de balles recueillies dans les cibles, que les officiers pourront apprécier l'influence d'un commandement fait à propos, et acquerront l'habitude de ce commandement.

Déjà, par les exercices ordinaires et par les tirs simulés dont il est question dans cette leçon, les officiers se seront habitués à commander les feux ; mais leur instruction gagnera beaucoup par le commandement de feux réels, par la différence qu'ils pourront constater entre les effets du feu de peloton, suivant que ce feu est bien ou mal commandé.

Il est nécessaire que, dans les feux de peloton, le chef de peloton indique aux soldats la distance qui les sépare de l'ennemi. Il ne doit pas abandonner l'appréciation de la distance et la détermination de la règle de tir qui en résulte au libre arbitre de chaque homme. Placés dans les rangs où ils sont gênés les uns par les autres, occupés d'ailleurs du chargement de leurs armes, les soldats ne sauraient évaluer la distance de l'ennemi. Il appartient aux officiers chefs de peloton d'estimer cette distance, et de la faire connaître aux soldats ; en indiquant la distance, on prescrira la règle de tir et la position du pouce et de la main gauche.

Le moment le plus convenable pour indiquer la distance du tir aux soldats est celui qui précède le commandement *joue :* à ce commandement, les hommes étant à la position d'*apprêtez vos armes*, ils peuvent facilement placer le pouce, si cela est nécessaire, suivant la distance.

D'après ces considérations, pour diriger un feu de peloton sur une troupe placée, par exemple, à 400 mètres de distance, l'officier devrait commander de la manière suivante :

Feu de peloton. Peloton, armes. A 400 mètres (laisser aux hommes le temps de placer le pouce) *joue* (compter mentalement en observant la cadence du pas ordinaire, un, deux, trois, quatre), *feu*.

Lorsqu'on exécutera les feux de peloton sur les cibles, les commandements seront faits comme il vient d'être dit.

Dans les feux de deux rangs, le chef de peloton prescrira la règle de tir avant le commandement : *commencez le feu*, et après le commandement : *armes*.

Lorsque le feu de deux rangs sera exécuté devant l'ennemi, la règle de tir devra être modifiée par le chef de peloton, pendant la durée du feu, suivant la distance variable de l'ennemi.

Quand les compagnies seront détachées, et que le nombre des jeunes soldats ne sera pas assez considérable pour permettre de former un peloton de seize files, ils devront rentrer dans les compagnies pour y exécuter les feux de deux rangs et de peloton.

RÉCAPITULATION

Des séances de deux heures et des munitions employées pour l'instruction des anciens et des jeunes soldats.

RÉCAPITULATION *des séances de deux heures et des munitions employées pour l'instruction des anciens et des jeunes soldats.*

PRATIQUE DU TIR.	JEUNE SOLDAT.				ANCIEN SOLDAT. Sous-officier, sapeur et clairon.				ANCIEN SOLDAT. Caporal et soldat.			
	Séances.	Capsules.	Cartouches sans balle.	Cartouches à balle.	Séances.	Capsules.	Cartouches sans balle.	Cartouches à balle.	Séances.	Capsules.	Cartouches sans balle.	Cartouches à balle.
1re Leçon.												
EXERCICES PRÉPARATOIRES.												
ART. 1er. Pointage	4	»	»	»	1	»	»	»	1	»	»	»
ART. 2. Position du tireur isolé debout	2	»	»	»	1	»	»	»	1	»	»	»
ART. 3. Position du tireur isolé debout et pointage	3	»	»	»	1	»	»	»	1	»	»	»
ART. 4. Position du tireur à genou et pointage	3	»	»	»	1	»	»	»	1	»	»	»
ART. 5. Conservation de l'immobilité de l'arme entre les mains du tireur	5	»	»	»	3	»	»	»	3	»	»	»
ART. 6. Tir simulé aux capsules	2	20	»	»	2	20	»	»	2	20	»	»
ART. 7. Tir simulé aux cartouches sans balle	2	»	20	»	2	»	20	»	2	»	20	»
2e Leçon.												
TIR A LA CIBLE.												
Aux 8 distances réglementaires	16	»	»	64	16	»	»	64	16	»	»	64
3e Leçon.												
Feux de tirailleurs	2	»	»	20	2	»	»	20	2	»	»	20
4e Leçon.												
Feux de deux rangs et de peloton, simulés par l'abattage du chien sur le tampon	1	»	»	»	»	»	»	»	1	»	»	»
Feux de deux rangs et de peloton, simulés avec des capsules et des cartouches sans balle	1	10	10	»	»	»	»	»	1	10	10	»
Feux réels de deux rangs. / Feux réels de peloton	3	»	»	18 / 6	»	»	»	»	3	»	»	18 / 6
TOTAUX	44	30	30	108	29	20	20	84	34	30	30	108

Appréciation des distances après chaque séance de tir individuel.

NOTIONS COMPLÉMENTAIRES.

CHAPITRE PREMIER.

Lorsqu'on tire sur un but qui se meut, on doit tenir compte du mouvement de ce but, et ne pas diriger la ligne de mire sur le point où il se trouve au moment du tir, mais sur celui où l'on juge qu'il sera placé, quand la balle aura franchi la distance.

Si l'on tire sur un cavalier lancé au galop de son cheval, dans une direction perpendiculaire au plan du tir, il faudra que la ligne de mire se meuve dans le sens où le cavalier se meut lui-même, et soit dirigée en avant du cavalier, d'autant plus en avant qu'il est plus éloigné.

Lorsqu'on ouvrira le feu sur l'ennemi, après avoir apprécié sa distance et réglé le tir d'après cette appréciation, il faudra tâcher de voir où portent les premiers coups. Si l'on peut estimer approximativement la distance à laquelle les balles ont touché le sol en deçà ou au delà de l'ennemi, il sera facile de régler convenablement le tir des coups qui suivront. Si, par exemple, on reconnaît que les premières balles ont touché le sol à 100 mètres en avant de l'ennemi, il faudra viser avec la règle de tir qui correspond à une distance de 100 mètres plus grande que celle pour laquelle le tir avait été réglé d'abord. Afin de pouvoir reconnaître où portent les premières balles, il sera avantageux de chercher, en ouvrant le feu, à porter plutôt en deçà qu'au delà de l'ennemi, car on apercevra beaucoup mieux, en général, les effets du ricochet des balles sur le sol, lorsque ces ricochets auront lieu en avant de l'ennemi, que quand ils se produiront au delà ; de plus, en cherchant d'abord à rendre les coups plutôt courts que longs, on aura la chance d'atteindre l'ennemi par ricochets.

CHAPITRE II.

Des prix de tir.

Les prix de tir seront distribués, dans les régiments de grenadiers et de voltigeurs de la garde impériale, à la suite des exercices annuels de tir, autant que possible, en présence des inspecteurs généraux. Ces prix seront au nombre de douze par régiment.

Deux prix seront accordés aux sous-officiers ; neuf aux caporaux, sapeurs, clairons, aux anciens et aux jeunes soldats.

L'un des prix réservés aux sous-officiers sera décerné d'après les résultats des tirs à la cible de l'année, l'autre sera donné au concours. Trois des prix accordés aux caporaux, sapeurs, clairons, aux anciens et aux jeunes soldats, seront distribués d'après les résultats des tirs à la cible de l'année; les six autres seront donnés au concours.

Le premier prix de tir du régiment sera décerné d'après les résultats du tir à la cible de l'année; il sera obtenu par le tireur de première classe qui aura mis la plus grande somme de balles dans les cibles, soit que ce tireur appartienne à la classe des sous-officiers, soit qu'il se trouve parmi les caporaux, sapeurs, clairons, anciens ou jeunes soldats.

Chaque prix consistera en une épinglette à grenade et à chaîne d'argent. Le premier prix de tir sera distingué des autres par une grenade dorée. Les grenades porteront une aigle en relief.

Le même bataillon et la même compagnie pourront, le cas échéant, recevoir la plus grande partie ou même la totalité des prix.

Les tireurs qui auront obtenu les cinq prix qui se donnent d'après les résultats des tirs à la cible seront admis au concours et pourront y gagner cinq autres prix.

Si plusieurs tireurs ayant mis la même quantité de balles dans le but pendant l'année avaient droit à l'un des prix qui se donnent d'après les résultats des tirs à la cible, ou à un nombre de prix qui ne permettrait pas le partage, les deux concours auxquels ces tireurs prennent part trancheraient entre eux la question.

Il y aura un concours pour les sous-officiers, et un autre pour les caporaux, clairons, sapeurs, anciens et jeunes soldats.

Ne seront admis au concours des sous-officiers que les vingt premiers tireurs de la première classe formée d'après les résultats de tous les tirs à la cible.

Ne seront admis au concours des caporaux, clairons, sapeurs, anciens et jeunes soldats, que les cinquante premiers tireurs de la première classe formée d'après les résultats de tous les tirs à la cible.

Toutefois, un plus grand nombre de sous-officiers, de caporaux et de jeunes soldats seront admis au concours, si plusieurs tireurs, des premières classes, ayant mis le même nombre de balles, étaient classés au même rang dans l'une ou dans l'autre des deux catégories, et si, pour compléter le nombre des concurrents, on était obligé de prendre quelques-uns de ces tireurs ; dans ce cas, il serait de toute justice d'admettre au concours tous les tireurs dont il vient d'être question.

Si le nombre de tireurs de première classe, dans l'une ou l'autre catégorie, est moindre que celui des prix, le nombre des prix de chaque catégorie sera réduit à celui de ses tireurs de première classe.

S'il n'y a pas de tireurs de première classe, ni dans la catégorie des sous-officiers, ni dans celle des caporaux et soldats, il n'y aura pas de prix de tir dans le régiment.

Le lientenant-colonel présidera au concours, et en fera observer rigoureusement les règles. Le capitaine instructeur, aidé d'un lieutenant et d'un sergent instructeur de tir, sera chargé de constater et d'inscrire les résultats du tir, de vérifier la mesure de la distance, de faire distribuer les cartouches aux tireurs.

Le concours entre les sous-officiers et celui qui aura lieu entre les caporaux et soldats seront réglés d'après le programme suivant :

ART. 1er.

Le sort décidera de l'ordre dans lequel les concurrents tireront.

ART. 2.

Le but sera le centre d'un panneau circulaire ayant 1 mètre de rayon et placé à 200 mètres de distance du tireur; le milieu du panneau sera marqué par le centre d'un cercle noir du diamètre de 20 centimètres.

ART. 3.

Chaque concurrent tirera de suite cinq balles.

ART. 4.

Lorsqu'un tireur aura touché cinq fois le panneau, on mesurera les écarts de ces cinq balles. Le capitaine instructeur de tir veillera à ce que l'on prenne très-exactement cette mesure, en tiendra note et additionnera les cinq écarts exprimés en millimètres.

Lorsque les écarts des balles d'un tireur seront mesurés, on couvrira les trous des balles avec de petits morceaux de papier enduits de colle.

ART. 5.

Lorsqu'un tireur manquera une seule fois le panneau, il sera mis hors de concours, sans prendre la mesure des écarts des balles qu'il aurait pu mettre dans le panneau, et on bouchera, comme il vient d'être dit, les trous des balles. On considérera comme ayant manqué le but les balles qui le toucheraient par ricochets.

ART. 6.

Le sous-officier qui aura sur cinq balles la plus petite somme d'écarts obtiendra le prix réservé aux sous-officiers du régiment.

ART. 7.

Les six concurrents de la classe des caporaux et soldats qui auront sur cinq balles les plus petites sommes d'écarts obtiendront les six prix destinés à leur classe.

ART. 8.

Si deux ou un plus grand nombre de concurrents obtiennent les mêmes sommes d'écarts, et si un ou plusieurs prix doivent leur échoir en partage, ils tireront chacun une sixième balle, dont l'écart sera ajouté aux cinq premiers. Si les sommes des six écarts sont égales, on fera encore tirer par chacun des concurrents une septième balle dont on ajoutera l'écart aux six premiers, et ainsi de suite jusqu'à ce que l'on trouve des différences entre les sommes d'écarts.

ART. 9.

Les tireurs ne garderont pas le sac; ceux qui seront armés de sabre les quitteront avant de tirer.

ART. 10.

Les concurrents prendront dans le tir la position du tireur isolé, debout ou à genou, suivant qu'ils trouveront l'une ou l'autre de ces deux positions plus commode. Ils pourront tirer quelques-unes des balles debout, les autres à genou, comme ils l'entendront; mais il leur sera défendu de s'asseoir à terre, et de tirer autrement qu'à bras franc. Chaque tireur devra charger lui-même son arme.

ART. 11.

Les tireurs ne pourront employer des cartouches autres que celles qui leur seront distribuées sur le terrain. Tout tireur qui se permettrait d'employer une balle ou une cartouche différant en quoi que ce soit de la balle et de la cartouche réglementaires serait exclu du concours et sévèrement puni.

ART. 12.

Le tir aura lieu, autant que possible, dans la même séance, par tous les concurrents d'un bataillon. On commencera par le concours des sous-officiers.

ART. 13.

Si, pendant l'une des séances, le temps éprouvait des variations telles, que les tireurs appelés à faire feu les derniers eussent un désavantage marqué sur les premiers tireurs, la séance serait suspendue et reprise en temps opportun, d'après les ordres du président du concours.

ART. 14.

Les compagnies ou les bataillons détachés prendront part au concours. Le capitaine instructeur assistera au concours de ces bataillons et de ces compagnies; il vérifiera la mesure de la distance, surveillera le sergent chargé de mesurer les écarts, prendra note de la mesure des écarts de chaque concurrent, vérifiera les cordeaux et les règles, afin que les conditions de concours soient les mêmes pour tout le régiment.

Le pied du panneau circulaire sur lequel seront mesurés les écarts des balles devra être élevé de $0^{m}50$ au moins au-dessus du terrain horizontal, afin que l'on puisse constater facilement les ricochets. Dans un polygone, on placera ce panneau à 0m50 au-dessus du pied du talus de la butte. Dans les localités où l'on n'aura point de polygone, on placera le pied du panneau sur un petit tertre de 0m50 de hauteur.

La mesure des écarts se fera au moyen d'une règle graduée en millimètres sur une longueur d'un mètre. Pour se servir de cette règle et mesurer exactement et rapidement les écarts, on plantera au centre du panneau une pointe en saillie du côté du tireur; la règle sera percée d'un trou circulaire du diamètre de la pointe ; le centre du trou correspondra au zéro de la graduation de la règle. Quand on voudra mesurer les écarts, on engagera la pointe dans le trou de la règle, on fera tourner celle-ci autour de la pointe, et l'on prendra facilement, à un millimètre près, la longueur de chaque écart, mesuré par la plus petite distance du centre du panneau à la circonférence de chaque trou de la balle.

CHAPITRE III.

Du matériel d'instruction, munitions, cibles, cordeaux, etc.

DES CARTOUCHES.

ÉLÉMENTS DE LA CARTOUCHE A DOUBLE ENVELOPPE ET A BALLE ÉVIDÉE.

1° La balle du poids de 36 grammes, du calibre de 17mm2.

On distingue dans la balle la partie antérieure ogivale, la rognure du jet, la base plane qui s'appuie sur la poudre, l'évidement tronconique, la cannelure.

2° La charge de poudre du poids de 4gr50.

3° Un petit rectangle de carton de la consistance d'une carte à jouer (base 0m082, hauteur 0m042).

4° Un petit trapèze de papier (grande base 0,170, petite base 0m145, hauteur 0m063).

5° Un trapèze *enveloppe* (grande base 0m150, petite base 0m080, hauteur 0m155).

6° De la graisse composée de quatre parties de suif et d'une de cire.

ÉLÉMENTS DU PAQUET DE CARTOUCHES.

1° Six cartouches.

2° L'enveloppe rectangulaire en papier bleu, épais et fort (base 0m34, hauteur 0m14).

3° Un petit sachet de 8 capsules placé sous l'un des plis de l'enveloppe.

4° Un bout de ficelle de 0m50 de longueur.

CIBLES, CORDEAUX, ETC.

Indépendamment des munitions, le matériel nécessaire à l'instruction du tir du régiment se compose :

De 12 cibles de 0m50 et de 8 doubles cibles par régiment. La double cible ne diffère de la cible simple que par sa largeur, qui est d'un mètre.

Les buts sur lesquels on dirigera les coups dans les divers exercices de tir seront établis, conformément aux prescriptions, avec des cibles simples ou doubles cibles, ou avec les deux espèces de cibles réunies, suivant qu'on le trouvera convenable ;

D'une chaîne d'arpenteur, pour la mesure exacte des distances de tir par régiment ;

D'un panneau circulaire, d'une règle graduée pour la mesure de l'adresse des tireurs par régiment ;

D'un fanion par compagnie, de deux fanions pour les jeunes soldats de chaque bataillon ;

De couleur noire, pinceaux, papier, colle pour la réparation des cibles.

Sur le champ de tir, il faut avoir soin de placer la surface de la cible dans un plan vertical perpendiculaire au plan du tir, et d'aplanir le terrain devant elle. On perdra beaucoup de ricochets, si on plante les cibles à une certaine hauteur sur un talus fortement incliné. Les quantités de munitions n'ont été réglées ici que pour l'instruction du tir ; il devra être ajouté 30 cartouches sans balle par homme pour les exercices à feu ordinaires.

CHAPITRE IV.

Des registres de tir.

Les registres de tir se composent :

1° D'un registre à feuillets mobiles, tenu dans chaque compagnie par le sergent instructeur de tir.

Ce registre contiendra un cahier sur lequel le sergent instructeur de tir inscrira les résultats généraux du tir par séance et par classe de tireurs ;

2° D'un registre à feuillets mobiles, tenu dans chaque bataillon, pour la classe des jeunes soldats, par le lieutenant instructeur de tir du bataillon, sous la surveillance du capitaine instructeur et du chef de bataillon ; les feuillets mobiles de ce registre, avec les indications diverses pour chaque homme, seront remis par les sergents de tir au lieutenant instructeur. Chaque année, lorsque l'instruction des jeunes soldats sera complète, le lieutenant instructeur rendra les feuillets de tir remplis aux sergents instructeurs de tir des compagnies;

3° D'un registre de bataillon, tenu par le lieutenant de tir du bataillon, sous la surveillance du capitaine instructeur de tir et du chef de bataillon. Sur une première partie de ce registre, les résultats des tirs des anciens soldats seront inscrits par compagnies, par séance et par classe. Sur une deuxième partie de ce même registre, les résultats des tirs des jeunes soldats seront inscrits par séance et par classe seulement;

4° D'un registre de régiment, tenu par le capitaine instructeur de tir, sous la surveillance du lieutenant-colonel.

Sur une première partie de ce registre, les résultats des tirs des anciens soldats seront inscrits par bataillon.

Les resultats obtenus par les jeunes soldats de chaque bataillon seront consignés sur une deuxième partie de ce registre.

Le sergent instructeur de tir de chaque compagnie inscrit, après chaque séance de tir, sur les feuillets mobiles, les résultats du tir des sous-officiers, des caporaux et des soldats présents. Il note sur le cahier réservé aux résultats d'ensemble ceux de cette même séance, calculés par classe de tireurs. Il remet une copie de cette note au lieutenant de tir du bataillon. Celui-ci, après avoir inscrit les résultats sur le registre du bataillon, remet la note au capitaine instructeur, qui la conserve pour en réunir les résultats à ceux des notes fournies par les compagnies du même bataillon.

Une note d'un modèle analogue est remise par le lieutenant instructeur de chaque bataillon au capitaine instructeur de tir, après l'inscription des résultats du tir des jeunes soldats sur le registre du bataillon. Le capitaine instructeur inscrit les résultats que contient cette note sur la deuxième partie du registre de tir du régiment.

Sur le terrain, les notes seront prises, comme on l'a déjà dit, par les sergents instructeurs de tir dans chaque compagnie; dans la classe des jeunes soldats de chaque bataillon, par un sergent instructeur de tir que désignera le capitaine instructeur.

On peut voir ci-joints les modèles servant à établir les feuillets, cahiers et registres de tir.

Numéros annuels. { 1

NOGUÈS (François), *sergent-major*.

Numéro matricule 14253.

INSTRUCTION préparatoire.	185 . NOMBRE de séances et dates.	Cartouches à poudre et capsules brûlées.	185 . NOMBRE de séances et dates.	Cartouches à poudre et capsules brûlées.	185 . NOMBRE de séances et dates.	Cartouches à poudre et capsules brûlées.	185 . NOMBRE de séances et dates.	Cartouches à poudre et capsules brûlées.	185 . NOMBRE de séances et dates.	Cartouches à poudre et capsules brûlées.	OBSERVATIONS.
Pointage	17 février. 1 séance.										
Position du tireur isolé debout . .	19 et 20 février 2 séances.										
Position du tireur isolé debout et pointage.	21 février. 1 séance.										
Position à genou et pointage . . .	22 février. 1 séance.										
Conservation de l'immobilité de l'arme.	25, 26, 27, 28 février. 4 séances.										
Tir simulé aux capsules	2 et 3 mars. 2 séances.	20									
Tir simulé aux cartouches sans balle.	5 et 7 mars. 2 séances.	20									

BALLES MISES A						Balles mises.	Nombre de cartouches tirées.	Pour cent.	Classement après le tir de 250 mètres.			
150 mètres.	150 mètres.	200 mètres.	200 mètres.	250 mètres.	250 mètres.					300 mètres.	300 mètres.	350 mètres.
										ANNÉE 1854.		
15 fév.	17 fév.	25 fév.	3 mars	11 mars	29 mars					5 avril	11 avril.	19 avril
2	3	1	2	3	1	12	24	50	1er	1	0	1
										ANNÉE 185 .		
										ANNÉE 185 .		
										ANNÉE 185 .		
										ANNÉE 185 .		

BALLES MISES A							Balles mises.	Nombre de cartouches tirées.	Pour cent de toute l'année.	Dernier classement.	OBSERV.
350 mètres.	400 mètres.	400 mètres.	450 mètres.	450 mètres.	500 mètres.	500 mètres.					
27 avril.	2 mai.	7 mai.	15 mai.	21 mai.	2 juin.	7 juin.					
0	0	1	2	1	0	0	18	64	28	3e	

1er BATAILLON. 2e COMPAGNIE.

Récapitulation des feuillets individuels des hommes de ladite compagnie.

DATES des tirs.	Nombre d'hommes.	Nombre de cartouches.	BALLES MISES A 150 mètres.	150 mètres.	200 mètres.	200 mètres.	230 mètres.	250 mètres.	Classement après le tir de 250 mètres.	BALLES MISES A 300 mètres.	300 mètres	350 mètres	350 mètres	400 mètres	400 mètres	450 mètres	450 mètres	500 mètres	500 mètres	Pour cent.	Pour cent des trois classes.	OBSERVATIONS
12 mars 1854. . . .	78	312	150																	48. 0		
18 mars 1854. . . .	72	288		142																49. 3		
20 mars 1854. . . .	75	300			146															48. 6		
5 avril 1854. . . .	77	308				150														48. 7		
11 avril 1854. . . .	74	296					145													48. 9		
19 avril 1854. . . .	76	304						148												48. 6		
2 mai 1854. . . .	30	120							1	67										55. 8	48.	
	28	112							2	53										47. 3		
	20	80							3	30										37. 5		
TOTAUX. . . .	»	2120	150	142	146	150	145	148		150												
TOTAUX GÉNÉRAUX.	»	2120	881							150										48. 16		Le nombre 48.16 représente le 0/0 général de tous les tirs individuels, qui n'ont été indiqués ici que jusqu'à 300 mètres, mais qui doivent être continués jusqu'à 500 mètres, comme le marque ce tableau.
15 juillet 1854. Feu de tirailleurs. . .	80	800				210															26. 2	
20 juillet 1854. Feu de 2 rangs. . .	80	450						200													54. 1	
25 juillet 1854. Feu de peloton. . .	50	160			90																56. 2	

1er BATAILLON.

Récapitulation des tirs faits par les compagnies dudit bataillon.

Numéros des compagnies.	DATES des tirs.	Nombre d'hommes.	Nombre de cartouches.	BALLES MISES A						Classement après le tir de 250 mètres.	BALLES MISES A										Pour cent.	Pour cent des trois classes.	OBSERVAT.
				150 mètres.	150 mètres.	200 mètres.	200 mètres.	250 mètres.	250 mètres.		300 mètres.	300 mètres.	350 mètres.	350 mètres.	400 mètres.	400 mètres.	450 mètres.	450 mètres.	500 mètres.	500 mètres.			

1er RÉGIMENT DE VOLTIGEURS DE LA GARDE IMPÉRIALE.

Récapitulation des tirs faits par les bataillons dudit régiment.

Numéros des bataillons.	DATES des tirs.	Nombre d'hommes.	Nombre de cartouches.	BALLES MISES A 150 mètres.	150 mètres.	200 mètres.	200 mètres.	250 mètres.	250 mètres.	Classement après le tir de 250 mètres.	300 mètres.	300 mètres.	350 mètres.	350 mètres.	400 mètres.	400 mètres.	450 mètres.	450 mètres.	500 mètres.	500 mètres.	Pour cent.	Pour cent des trois classes.	OBSERVATIONS.

www.ingramcontent.com/pod-product-compliance
Ingram Content Group UK Ltd.
Pitfield, Milton Keynes, MK11 3LW, UK
UKHW020336180726
13839UKWH00002B/741

9 782329 495996